KB201189

복 있는 사람

오직 여호와의 율법을 즐거워하여 그 율법을 주야로 묵상하는 자로다.
저는 시냇가에 심은 나무가 시절을 좇아 과실을 맺으며 그 잎사귀가 마르지 아니함 같으니
그 행사가 다 형통하리로다. (시편 1:2-3)

온유한 증인

Dallas Willard

The Allure of Gentleness

: Defending the Faith in the Manner of Jesus

온유한 증인

달라스 윌라드 지음 | 윤종석 옮김

복 있는 사람

온유한 증인

2016년 7월 20일 초판 1쇄 인쇄
2016년 7월 27일 초판 1쇄 발행

지은이 달라스 윌라드
옮긴이 윤종석
펴낸이 박종현

도서출판 복 있는 사람
주소 서울특별시 마포구 연남동 246-21(성미산로23길 26-6)
전화 02-723-7183, 7734(영업·마케팅) 팩스 02-723-7184
이메일 blesspjh@hanmail.net
등록 1998년 1월 19일 제1-2280호

ISBN 978-89-6360-188-5 03230

이 도서의 국립중앙도서관 출판예정도서목록(CIP)은
서지정보유통지원시스템(http://seoji.nl.go.kr)과 국가자료공동목록시스템(http://www.
nl.go.kr/kolisent)에서 이용하실 수 있습니다. (CIP 제어번호 : 2016017081)

할아버지 월라드의 지극한 사랑을 받고 자라
온유한 사랑으로 사람들을 하나님 나라로 끌어들이는 아름다운 본보기가 된
라리사 라파엘 히틀리에게

차례

서문

민음을 질식시키는 난해한 의문들은 무엇인가?_달라스 윌라드

위 질문은 내가 아버지 달라스 윌라드와 함께 이 책에 대해 대화하던 중에 나왔다. 그는 이 책을 통해 난해한 의문들에 답하기 원했다. 또 의논 중에 그는 자신이 바라는 이 책의 정신을 "온유함: 예수의 방식을 따르는 변증"이라 표현했다. 그것은 수동적 온유함이 아니라 어깨를 맞대고 가파른 산과 어두운 골짜기를 함께 걸을 때의 붉게 상기된 온유함이다. 그는 사람들이 이 책에 힘입어 흔한 회의들과 씨름하고 일부 어려운 질문들에 답하면서 성령께 자신들의 믿음을 키워 주실 여지를 더 드리기를 원했다.

아버지는 **온유하다**는 말을 자주 들었다. 그의 온유함은 오랜 세월 그리스도의 쉽고 가벼운 멍에를 멘 결과인 듯하다. 온유함이란 힘의 부재인가, 아니면 성령으로 태동하고 지혜에서 얻어지는 힘인가? 마태복음 12:20에 보면 예수는 상한 갈대도 꺾지 않으시고 꺼져 가는 심지도 끄지 않으시는 분이다. 그런데도 그분의 온유함은 온 세상에 혁명을 몰고 왔다. 여러모로 예수의 영향력은 그분의 온유하심에도 불구하고가 아니라 바로 그 온유하심 때문으로 보

인다.

　오늘날 변증은 하나님이 존재하시고 세상에 개입하신다는 증거를 둘러싼 무슨 격투처럼 되었다. 지적 설계(Intelligent design) 대 다윈주의(Darwinism)의 논쟁을 비롯하여 종교 대 과학의 첨예한 공방이 오가는 살벌한 싸움터로 변했다. 이런 "변증"은 신자들의 믿음을 힘들게 하는 회의와 의문을 솔직하게 털어놓는 것을 반기기는 고사하고 사랑으로 온유하게 다루지도 못한다.

　　오직 위로부터 난 지혜는 첫째 성결하고 다음에 화평하고 관용
　　[온유]하고 양순하며 긍휼과 선한 열매가 가득하고 편견과 거짓
　　이 없나니(약 3:17).

『하나님의 모략』(The Divine Conspiracy)이 예수께서 전하신 복음에 대한 우리의 관념상의 괴리를 제자도로 짚어 냈듯이, 이 책을 통해 변증 분야를 지혜롭고 온유한 근본으로 되돌리는 것이 아버지와 나의 바람이다.

　이 책의 시발점은 1990년에 아버지가 캘리포니아 주 로스알라미토스의 그레이스 교회에서 했던 4부작 강연이다. 몇 년 전에 카세트테이프를 듣다가 나는 이 가르침의 독특성에 감동했다. 특히 변증에 접근하는 바람직한 방식이 강하게 다가왔다. 아버지에게 내가 테이프를 글로 풀어낼 테니 책으로 펴낼 마음이 있느냐고 물었다. 그는 즉시 좋다고 하면서 단서를 덧붙이기를 내용을 더 추가하여 중요한 주제를 모두 담아내고 싶다고 했다.

　추가된 주제들로 함께 작업할 겨를도 없이 아버지는 건강이 나

빠지기 시작하더니 결국 암 진단을 받았다. 이후 여러 달 동안 그는 내게 말했다. "그 책은 그냥 두어라. 내가 좀 좋아지거든 함께 손을 보자꾸나."라고 했다. 아버지가 돌아가실 때 내게 남은 것이라고는 그가 보태려 했던 내용의 목록과 특정한 주제들에 대한 많은 메모뿐이었다.

다행히 그가 남긴 다른 여러 문서와 녹음테이프에 그 목록상의 주제가 전부 다루어져 있었다. 그레이스 교회의 시리즈 강연에 담긴 중요한 내용이 이 책의 뼈대와 흐름을 형성했고(www.dwillard.org에서 오디오로 들을 수 있다), 로스앤젤레스 침례대학에서 강연했던 비슷한 시리즈의 원고와 사이먼 그린리프 법학대학원에서 가르친 성경적 변증의 강의안은 그 가르침을 확장하는 훌륭한 참고 자료가 되었다. 일부 추가된 주제는 아버지가 다른 일로 써 두었던 몇 편의 논문과 기사로 보충할 수 있었다. 「고통, 하나님의 존재, 관련 문제들」(Pain, the Existence of God and Related Problems)이라는 제목의 아주 중요한 논문도 그중 하나인데, 이 책의 악에 대한 장은 주로 그 논문에서 가져왔다.

로스앤젤레스의 라디오 방송국인 KKLA의 고(故) 프랭크 패스토어와 멘로파크 장로교회의 존 오트버그에게 특히 빚을 졌다. 둘 다 수차례씩 아버지를 인터뷰하며 삶과 믿음에 대한 어려운 질문들을 던졌는데, 녹음된 인터뷰의 여러 부분이 이 책 전반에 걸쳐 특정한 주제들의 내용을 더해 주었다.

그렇게 조각들을 맞추노라니 마치 내가 천 한 필과 완성된 옷본을 받은 복된 재단사가 된 기분이었다. 옷감과 무늬는 순전히 아버지의 것이고 바느질만 내가 했다. 내 실밥은 감추어지고 아버지의 생각과 사상만 드러나기를 기도한다. 그의 기도처럼 우리가 이 책을 통해 "단순하고 겸손하고 사려 깊게 사람들의 말을 경청하고 그들도 우리에게 생명을 주신 분을 믿도록 그들을 잘 돕"기를 바란다.

2014년 6월
레베카 월라드 히틀리

머리말

변증이라는 말을 아는 사람들은 대부분 그것을 논증, 증거, 이성, 변호 같은 단어들과 연관시킬 것이다.[1] 하지만 거기에 **온유함**을 덧붙일 생각을 하는 사람은 별로 없을 것이다.

이는 변증이라는 단어가 그리스의 법 제도에서 유래했기 때문이다. 변증은 본래 사람이 검사의 기소에 맞서 자신에 대해 진술하던 변호였다. 그런데 사도 바울을 비롯한 신약의 저자들이 이 단어를 차용하면서 변증은 그리스도인이 사람들에게 믿음을 변호하거나 설명하려는 시도를 지칭하는 말이 되었다.

예컨대 사복음서는 예수가 누구이며 무엇을 성취하고 가르쳤는지를 증명하고자 기록되었으므로 복음서 저자들을 **변증자**라 한다. 오늘날 비판자들에 맞서 전문적으로 기독교를 변호하는 사람들도 마찬가지다. 과학과 합리주의의 발흥으로 큰 논쟁들이 불거지고 그 여파로 초자연적 세계에 대한 교회의 헌신이 공격을 받으면서 변증은 점점 더 지적 변론과 논증에 치중하게 되었다.

원칙상 그것은 전혀 잘못이 아니다. 변증에 이념과 지적 주장과 추론이 개입되는 만큼 변증자가 지적 변론과 논증을 펴는 것은 당연한 일이다. 그러나 이 책에서 보겠지만 우리는 변증을 예수의 방법대로 하려는 사람들이다. 따라서 변증자가 교만하고 적대적인 태도로 변론과 논증을 펴는 것은 바람직하지 못하다. 사실 변증의 지적 측면에 효과를 더하려면 온유한 심령과 친절한 제시를 곁들이는 게 최선의 방법이다.

변증에 임할 때 우리는 예수의 제자로서 그러해야 한다. 따라서 그분이 하실 법한 방식으로 해야 한다. 무엇보다 이는 우리가 사람들 특히 도움을 원하는 사람들을 돕기 위하여 변증한다는 뜻이다. 그것이 성경에서 예수께서 하신 모든 일의 특징이다. 변증은 돕는 사역이다.

베드로전서 3:8-17의 맥락을 보면 전심으로 선에 힘쓰다가 박해받는 제자들의 모습을 그려볼 수 있다. 그런데도 그들은 예수께서 가르치신 대로 "기뻐하고 즐거워하"는 반응을 보였다(마 5:12). 그러자 지켜보던 사람들은 제자들이 어떻게 그런 상황에서 기뻐하며 희망에 차 있을 수 있는지 묻는다. 기쁨 없이 분노하고 절망하는 세상에서 이는 당연한 질문이다. 그래서 베드로는 제자들에게 이렇게 권한다. "너희 속에 있는 소망에 관한 이유를 묻는 자에게는 대답[변회]할 것을 항상 준비하되 온유와 두려움으로 하고 선한 양심을 가지라"(벧전 3:15-16).

설명과 변증도 이웃 사랑의 한 행위이므로 "온유와 두려움으로" 임해야 한다. 예수는 우리가 그 일을 "뱀 같이 지혜롭고 비둘기 같이 순결"하게 해야 한다고 하셨다(마 10:16). 뱀의 지혜란 예의주시하다 적시를 놓치지 않는 기민함을 말하고, 비둘기의 순결함이란 속임수를 쓰거나 남을 오도할 줄 모른다는 뜻이다. 우리도 그래야 한다. 상대하는 사람들을 사랑하면 우리도 그들을 조종하지 않고 정확히 관

프롤로그

13

찰하게 되고, 동시에 그들이 살고 있는 우주의 주인이 예수 그리스도 이심을 그들도 깨닫기를 간절히 바라고 기도하게 된다.

온유함이 우리의 특성이 되어야 한다는 말은 무슨 뜻인가? 우선 겸손하다는 뜻이다. 사랑은 무조건 이기려 드는 우리의 욕심을 깨끗이 씻어 낸다. 사랑하면 지적으로 스스로 의롭게 여기거나 다른 사람의 견해와 능력을 멸시하지 않는다. 그리스도의 변증자는 "마음이 겸손한"(tapeinophrosunen)[2] 사람이다(골 3:12, 행 20:19, 벧전 5:5). 이는 "겸손"이라는 단어에 다 담아낼 수 없는 신약의 아주 중요한 개념이다.

그러므로 "이유를 대답하는" 사명은 첫째로, 싫다는 사람들을 이겨서 지적으로 굴복시키는 게 아니라 도움이 필요한 사람들을 섬기는 사명이다. 사실 우리가 섬겨야 할 사람들은 대개 지적으로 스스로 의롭게 여기고 교만에 사로잡혀 있으며, 주변 사회마저 그들에게 그것을 부추길 때가 많다.

둘째로, 우리는 굽힐 줄 모르는 **진리**의 종으로서 변증에 임한다. 예수는 자신이 "이를 위하여 세상에 왔나니 곧 진리에 대하여 증언하려 함"이라 하셨고(요 18:37), 그분의 이름은 "충성되고 참된 증인"이다(계 3:14). 그래서 우리는 이유를 설명할 때 **두려움**으로 해야 한다. 진리는 실재를 드러내며, 실재란 인간이 틀렸을 때 충돌하는 무엇이라 할 수 있다. 이 충돌에서 우리 인간은 매번 질 수밖에 없다.

삶, 하나님의 세계, 인간의 영혼 등의 문제에서 잘못되면 이는 치명적이기 때문에 그토록 변증이 중요하다. 우리는 사랑으로 진실을 말하고(엡 4:15) 최대한 명확성과 합리성을 동원하여 말한다. 동시에

14

우리가 하는 일로 우리의 자연적 능력을 훨씬 능가하는 결과를 내려면 진리의 영을 의지해야 한다(요 16:13).

진실을 찾는 일이야말로 우리가 모든 인간과 공유하는 기준점이다. 진실이 없이는 아무도 살아갈 수 없다. 구체적으로 무엇이 참이고 무엇이 거짓인가에 대해서는 의견이 다를 수 있으나 진실에 충실하려는 마음 덕분에—그 진실이 무엇이든 간에—우리는 정직한 동료 질문자로서 모든 인간과 나란히 설 수 있다. 그러므로 "우리 대 그들"이 아니라 "우리"라는 자세를 취해야 한다. 우리는 가르칠 뿐 아니라 영원히 함께 배워야 한다.

그러므로 우리는 가능한 한—상대방 때문에 그렇지 못할 때도 있다—함께 탐구하는 분위기에서 후한 사랑에 이끌려 "이유를 설명한다." 우리의 소신이 아무리 굳셀지라도 우리는 군림이나 경멸이나 적의나 방어의 자세를 취하지 않는다. 알다시피 예수라면 그러지 않으실 것이다. 그런 식으로는 사람들을 도울 수 없기 때문이다. 그분이 그러실 필요가 없었으니 우리도 마찬가지다. 다른 모든 부분에서와 같이 변증에서도 그분은 우리의 모범이요 주인이시다. 우리는 전적으로 그분을 신뢰한다. 그것이 변증이라는 중대한 섬김에서 그분께 드리는 우리 마음의 "특별한 자리"다. "너희 마음에 그리스도를 주로 삼아 거룩하게 하고"(벧전 3:15).

그래서 우리의 변증은 온유해야 한다. 예수처럼 우리도 강요하지 않고 사랑과 겸손한 마음으로 상대에게 다가간다. 그러려면 우리의 변호를 온유하게 제시하는 길밖에 없다. 도움을 제의하되 예수의 방식대로 사랑으로 해야 한다.

하지만 그게 전부가 아니다. 우리의 소통 방법이 온유해야 함은 우리가 소통하려는 주제 자체가 온유하기 때문이다. 우리가 변호하거나 설명하려는 내용은 곧 온유한 사랑의 목자이신 예수 자신이다. 기쁜 소식을 제시하는 방식이 온유하지 못하다면 어떻게 사람들이 우리가 가리켜 보이려는 온유한 사랑의 메시아를 만날 수 있겠는가?

마지막으로, 종교와 과학과 진리와 도덕을 둘러싼 지적 반목과 문화 전쟁이 이 시대를 지배하고 있는데 어떻게 진리와 이성이 우리 편에 있다는 주장만으로 사람들의 경청을 얻어 낼 수 있겠는가? 그런 주장을 편 사람들이 우리 이전에 많이 있었다. 그중 더러는 공격적 자세로 그랬고, 더러는 무서워서 그랬고, 더러는 교만하게 그랬다. 변증은 정황 속에서 이루어지는데 지금 우리 쪽의 정황에는 증오와 적의와 독설과 반감이 넘쳐난다. 결국 이는 우리가 전하려는 메시지의 골자 자체와 모순된다. 그래서 우리의 변증은 우리가 알리려는 분의 메시지와 인격을 그대로 닮아야 한다. 그렇게 "온유와 두려움으로" 임할 때에만 사람들은 우리의 말을 듣고 확인하고 거기에 설득되어 반응할 수 있다.

21세기에 믿음을 변호한다는 것은 어떤 의미인가? 지금부터 이 책에 그와 관련하여 성경의 역할, 윤리, 철학, 이념의 역사 등 중요한 주제를 많이 다룰 것이다. 하지만 우리가 하는 모든 일에 매혹적인 온유함이 흠뻑 배어들지 않는 한 그 모두는 헛수고가 될 것이다.

1

그리스도를 위한 사고(思考)의 출발

내가 기도하노라. 너희 사랑을 지식과 모든 총명으로 점점 더 풍성하게 하사 너희로 지극히 선한 것을 분별하며 또 진실하여 허물 없이 그리스도의 날까지 이르고 예수 그리스도로 말미암아 의의 열매가 가득하여 하나님의 영광과 찬송이 되기를 원하노라. ─ 빌립보서 1:9-11

이로써 우리도 듣던 날부터 너희를 위하여 기도하기를 그치지 아니하고 구하노니 너희로 하여금 모든 신령한 지혜와 총명에 하나님의 뜻을 아는 것으로 채우게 하시고 주께 합당하게 행하여 범사에 기쁘시게 하고 모든 선한 일에 열매를 맺게 하시며 하나님을 아는 것에 자라게 하시고. ─ 골로새서 1:9-10

변증은 성령을 의지하는 가운데 사고와 이성을 구사하는 신약의 사역으로, 진지한 질문자들을 도와 하나님에 대한 그리고 인류를 향한 그분의 선한 목적에 대한 불신과 의심을 버리게 하는 일이다. 변증은 사람들을 도와 특히 예수 그리스도와 관계된 내용—세상에 오심, 생애와 죽음, 지금도 우리 안에 살아 계심—을 믿고 알게 한다. 변증은 신약의 중대한 사역이다.

오늘날 **변증**은 꽤 불길한 단어가 되었다. 이웃들에게 "지금부터 당신과 변증을 하겠다"고 말하면 그들은 아마 달아나 숨을 것이다. 하지만 실제로 변증이란 사람들을 도와 의심을 버리게 하는 일이다. 의심 때문에 그들이 천국[1]에 열정적으로 온전히 참여하지 못하고 그리스도의 제자로 살아갈 수 없기 때문이다. 성경 도처에 명백히 나와 있듯이 우리는 믿음에 뭔가를 더하도록 되어 있다. 믿음으로 시작하지만 지식으로 나아가야 하고, 은혜에서만 아니라 우리 주 곧 구주 예수 그리스도를 아는 지식에서도 자라가야 한다(벧후 1:5, 3:18).

믿음 자체는 잘못된 게 아니다. 믿음이란 어떤 대상에 대한 확신 내지 신뢰이며, 그 대상이 참인지는 우리가 알 수도 있고 모를 수

18

도 있다. 믿음에 대해 한 가지 명심해야 할 것은 믿음이 잘못될 수도 있다는 점이다. 때로는 우리가 신뢰하고 확신하는 대상이 우리를 배신한다. 그 대상이 거짓이기 때문이다. 그리스도인들만 믿음으로 사는 게 아니라 인간은 누구나 믿음으로 살고 죽는다. 믿음 자체는 꼭 선하거나 악한 게 아니다. 물론 구원하는 믿음은 선하지만, 저주하는 믿음도 있다. 또 어떤 상황에서는 우리가 지식으로도 살지 않고 믿음으로도 살지 않는다. 그저 회의에 빠져 있을 뿐이다. 예수는 그런 상황을 자주 대하셨으며, 우리도 회의를 다룰 때 그분의 정신을 배우기 원한다. (그분의 방법의 좋은 예를 요한복음 4장에 그분이 우물가의 사마리아 여인과 나누신 대화에서 볼 수 있다.)

믿음과 증거는 대립 관계가 아니다. 우리는 지각과 이성을 통해 증거를 얻을 수 있다. 우리 자신이나 주변 사람들을 괴롭히는 의심을 없애고 해결해 줄 수 있는 것이라면 무엇이든 선하다. 하나님은 우리에게 타고난 능력을 주셨으며 그 능력을 하나님께 바치는 것은 옳고 선한 일이다.

우리의 지성과 타고난 지각 능력은 선하며 믿음과 대립되지 않는다. 재차 강조하지만 우리의 타고난 능력은 믿음과 대립되지 않는다. 물론 우리는 보는 것으로 살지 않고 믿음으로 산다. 하지만 시각을 전혀 사용하지 않으면 어떻게 되는지 보라. 예수는 이 땅에 사실 때 인간으로서 자신의 **모든** 능력을—전부 다—구사하셨다. 우리도 인간으로서 모든 능력을 하나님께 바치도록 부름받았다. 그래야 그분이 의도하신 대로 그분 아래서 살아갈 수 있다.

그래서 우리는 성령의 인도와 능력 아래서 우리의 타고난 이성을 구사하여 변증에 임한다. 회의 때문에 사람들이 하나님 나라의 실재를 일관되고 분명하게 지각할 수 없으므로 우리는 그 회의에 정보와 논리를 적용한다.

하나님을 피하는 사람들

사람들은 이성을 구사하여 하나님을 피할 수도 있다. 그러면 그분도 (어느 정도까지는) 그들에게 협력하신다. 하나님이 정하신 이치상 우리가 그분을 피해 숨으려 하면 그분도 우리에게 자신을 숨기신다. 그분은 세상을 창조하시고 역사를 운행하실 때 인간이 그분을 피할 수 있게 하셨다. 하지만 또한 각자의 방식대로 그분을 찾을 수도 있게 하셨다. 많은 사람들이 이런 이치에 의문을 품는데 6장에서 그 내용을 자세히 살펴볼 것이다.

어느 마을의 무신론자가 썼다는 낡은 수법을 아마 당신도 기억할 것이다. 그는 연단에 손목시계를 놓으며 "신이 존재한다면 어디 5분 후에 나를 죽여 보라지"라고 말했다. 여태까지 그런 도전장을 내밀었다 응답을 받은 사람은 단 한 명도 없다. 미국 어디서나 볼 수 있던 이 뻔한 일상도 이제 거의 잊혀 가고 있다. 19세기의 웅변가 밥 잉거솔(Bob Ingersoll) 같은 사람들은 전국을 돌아다니며 그런 미끼로 교회들을 꾀곤 했다. 마치 그것이 정말 증거라도 된다는 듯이 말이다! 이는 개미 한 마리가 당신의 방을 지나가면서 이렇게 말하는 것이나 같다. "저 위에 책을 읽고 있는 인간이 존재한다면 어디 5분 후에 나한테 책을 던져 보라지." 하지만 당신은 개미에게 책을 던지는 것보다 더 중요한 일들이 많이 있다! 설령 개미에게 접근할 마음이 있다 해도 굳이 책을 집어던지는 일만은 하지 않을 것이다. 이는 하나님의 속성에 대한 기본 가정이 완전히 잘못되어 있는 엉성한 수법들의 한 예에 불과하다. 게다가 이런 수법을 쓰는 사람들일수록 실제로 하나님을 찾을 마음도 없을 뿐더러 당신까지도 그분을 찾지 않기를 바란다.

사람들이 하나님을 피하는 또 다른 방법은 이념 체계를 통해서다. 예컨대 그리스도인들이 버려야 할 이념 체계가 하나 있는데, 곧 아무것도 모른 채 교회를 **무조건 믿는다**는 사고방식이요 지식과 믿음이 서로 **대립된다**는 생각이다. 백화점이나 은행이나 학교에는 지식이 있으나 교회에 가면 지식은 없고 믿음뿐이다.

이 나라의 법 제도와 교육제도를 관장하는 사람들이 기독교의 복음을 지금처럼 취급하는 이유를 알고 싶다면, 먼저 당신이 깨달아야 할 것이 있다. 잘 믿어지지 않을지 모르지만 그들은 이념 체계에 길들여져 있어, 기독교가 또 하나의 미신에 불과하다고 믿는다. 나아가 그들은 기독교가 그동안 이 나라에서 법적 특혜를 누려 왔으므로 이제 그런 특혜를 벗겨 내야 한다고 생각한다. 우리 주변의 삶을 지배하는 이념 체계 속에 그러한 사고가 속속들이 배어 있다.

그리스도인 중에도 마음 깊은 곳에서는 자신의 믿음이 또 하나의 미신에 불과하다고 믿는 사람들이 많이 있다. 그들은 정말 그렇게 믿는다. 그래서 내가 자주 하는 말이 있는데 내가 아는 많은 사람들이 예수는 믿는데 하나님은 믿지 않는다. 이 책의 많은 대목에서 당신이 정말 고민했으면 좋겠다. 물론 나는 내가 매사에 옳다고 생각하며 살아가지는 않는다. 하지만 내 삶의 분명한 전제가 있으니 곧 우리가 하나님 아래서 함께 진지하게 질문하고 이성을 구사하여 이해를 넓혀 가야 한다는 것이다.

지식과 믿음이 대립 관계인지에 대해 성경이 뭐라고 말하는지 당신이 직접 공부해 보기 바란다. 웹사이트 www.biblegateway. com에 들어가 "알다"(know)라는 단어를 검색해 보고 그것을 "신념"(belief)과 "믿음"(faith)과 비교해 보라. 그리스도를 따르는 삶에서 지식이 차지하는 자리를 보며 당신은 소스라치게 놀랄 것이다.

지식이란 무엇인가?

지식이 무엇이고 어떻게 작용하는지 잘 알아야 한다. 우리에게 지식이 있는지 아니면 신념만 있는지, 그것이 교회에 닥친 가장 큰 이슈 중 하나이기 때문이다. 뭔가를 믿고 있으면 해당 상황에서 마치 정말 그런 것처럼 언제라도 행동할 수 있다.

신념과 헌신을 구분하는 것도 중요하다. 인간은 자신이 믿지 않는 대상에게도 헌신할 수 있다. 스포츠가 좋은 예다. 팬들은 자기 팀이 30점이나 뒤져 있고 시간이 2분밖에 남지 않았어도 계속 팀을 응원하며 "지금부터 역전이다! 우리가 이긴다!"라고 외친다. 당신이 믿거나 헌신한 대상이 결국 틀렸을 수도 있다. 하지만 대상을 바로 알면 그것을 확실히 의지해도 된다.

내가 정의하는 지식이란 **사고와 경험에 적절히 기초하여 현실을 있는 그대로 다루는 능력**이다. 여기에는 우리가 권위를 통해 아는 것들도 포함된다. 지식의 아주 많은 부분을 교사와 책 같은 권위로부터 배우기 때문이다. 자동차 정비소 앞에 "우리는 운으로 수리합니다"라는 표지판이 놓여 있다면 당신은 그곳에 차를 맡기지 않을 것이다. 고치는 법을 **아는** 사람들에게 맡길 것이다. 사고와 경험에 적절히 기초하여 당신의 자동차를 있는 그대로 다룰 줄 아는 곳을 찾아낼 것이다.

"적절한 기초"가 무엇인지는 해당 지식 분야의 성질에 따라 달라진다. 우리가 아는 한 모든 종류의 지식에 완벽하게 들어맞는 "적절한 기초" 내지 "결론적 증거"의 일반 공식이란 없다. "현대" 사상의 많은 불운한 결과는 그런 일률적 공식을 이것저것 고집하는 유력한 사상가들 때문일 수 있다. 그러나 특수한 정황 속에서는 사람들에게 특정 주제―예컨대 헬라어 알파벳, 구구단, 재봉틀의 작동 원리―에 대한 지식이 있는지 없는지를 얼마든지 잘 분간할 수 있다.

오늘날 비일비재하게 볼 수 있듯이, 사람들은 마치 "과학적 방법"이라는 게 존재한다는 듯이 말하면서 그것만이 지식의 적절한 기초라고 주장한다. 그것만이 지식이 흐르는 "도관"이라는 것이다. 과학적 방법은 측정 가능하고 검증 가능한 자료에 기초하여 결론을 도출할 때 사용된다. 그런 결론은 검증되었으므로 확인 가능한 지식으로 간주되지만, 그런 식으로 처리될 수 없는 것은 무엇이든 지식으로 통하지 않는다. 사실상 이는 "적절한 기초" 내지 "결정적 증거"의 일반 공식을 내놓는 일이다.

이런 관점은 문제점이 많다. 우선 우리가 아는 거의 모든 것들은 결국 그런 부류의 지식이 아니다. 과학적 방법이 사용되지 않는 지식도 있다. 예컨대 헬라어 알파벳, 두 지점 간 최선의 이동 방법, 예술, 도덕, 인격적 관계 등에 대한 지식이 그렇다. 또 다른 문제는 인간의 많은 시급한 문제들에 대한 "과학적" 해법이 어떤 모습일지 우리가 추호도 모른다는 사실이다. 과학적 방법으로 해결될 수 없는 문제가 있다면 그런 문제는 권력이나 온갖 부조리에 그냥 내맡겨야 하는가?

"과학에만 지식이 있다"는 관점의 또 다른 문제점은 과거에 그

"도관"에서 흘러나온 것들 중 상당 부분이 결국 허위로 밝혀졌다는 것이다. 위키피디아(Wikipedia)의 "폐기된 과학 이론"(Superseded Scientific Theories)에서 그런 예를 수없이 볼 수 있다. 분명히 과학적 도관에서 흘러나왔으니 그래도 지식은 지식인가? (정말 그렇다고 말하는 사람들도 있다.) 하지만 이 사실은 "도관"을 판별하는 법과 정말 거기서 뭔가가 흘러나오는지 확인하는 법에 대해 오히려 더 많은 의문을 불러일으킨다.

실생활에서 구체적으로 우리에게 있는 것은 과학적 학식을 갖춘 개인들의 이런저런 말이다. 흔히들 "과학"이라 하지만 사실은 물리학과 생물학 같은 과학들이다. 흔히들 "종교"라 하지만 기독교나 불교 같은 종교들이라고 말하는 게 더 정확하다.

과학자들은 자신들의 방법이 하나라고 말하지만 한 과학의 방법이 다른 과학들에는 통하지 않는다. 생물학의 이론을 증명하는 방법이 천문학에는 별로 잘 통하지 않는다. 방법이란 언제나 해당 주제와 얽혀 있는데, 삶 전반을 다룰 때는 단일한 과학적 방법이라는 게 존재하지 않는다. 이것은 우리 문화의 난제가 되었다. 삶의 길잡이로서 정말 중요한 것들은 전부 과학 바깥에 있기 때문이다. 참으로 선한 사람이 되는 법을 말해 줄 수 있는 과학이나 과학적 방법이 하나라도 있는가? 과학은 그런 주제를 다룰 수 없다. 어떤 질문들은 수량화될 수 없기 때문이다. 결국 과학은 훨씬 방대한 지식의 한 부분일 뿐이다.

지식은 해당 주제와 지속적으로 교류할 때 얻어지는 결과물이다. 지식이 있는 곳에는 일정한 권위도 따라온다. 지식이 있는 사람은 행동하고 행동을 감독할 권한이 있다. 정책을 수립하고 그 시행을 감독할 권한이 있다. 신념이나 믿음밖에 없는 사람에게는 그런 차원의 권위가 없다. 지식에 입각하여 행동하는 사람들은 독특한 방식으로 현실과 교류한다. 여태까지 그 지식을 능히 검증하고 실천했기 때문이다. 그들은 야고보서 1:6-8에 나오는 의심과 두 마음을 없앴다. 무엇이든 정말 중요한 문제라면 의심을 없애는 일의 중요성을 과소평가할 수 없다. 물론 우리는 여전히 신념과 믿음으로 행동하지만 그것들은 지식과 대등한 차원에서 진리로 인정되지는 않는다.

이성은 하나님의 선물이다

이성은 시력이나 보행과 아주 비슷하게 인간의 타고난 작용 내지 행동이다. 이성도 눈이나 발처럼 인간의 필연적 일부여서 누구든지 사고력이 없는 사람은 심각한 결핍이 있는 것으로 간주된다. 단순히 시각 장애나 지체 장애가 있는 사람보다 더 큰 결핍이다. 사실 이성적 판단이 없는 사람을 "인간 이하"로 여길 사람들은 많겠지만 보거나 걷지 못하는 사람을 그렇게 생각하지는 않는다.

그런데 하나님이 만드신 인간의 이성을 일부 특정한 정황에서 비하하는 경향이 있다. 이것은 통탄할 일이며, 실제로 이 때문에 그동안 많은 비애와 고통이 야기되었다. 사람들이 인간의 이성과 이해력이 믿음과 대립된다고 믿기 때문이다. 물론 이거야말로 원수가 좋아할 일이다. 그는 "좋다! 그냥 성(城)을 몽땅 내놓아라. 내가 취하겠다!"고 말한다. 실제로 20세기 중반에 많은 교회들에서 그런 일이 벌어졌고 대학들은 더 말할 것도 없다. 그리스도인의 삶에 이성이 개입된다는 개념은 아예 사라졌다. 지금은 만일 종교적 신념에 입각하여 당신에게 지식이 있다고 주장한다면 당신의 지성은 심각한 의심을 받을 것이다.

변증의 정신

우리 역사는 정말 갖가지 속임수를 써서 신약의 사역인 변증의 본질에 대해 우리를 오도했다. 이 책에서 변증의 특정한 문제들을 풀어 나가면서 그런 오해가 일부나마 걷히기를 바란다. 하지만 하나 강조할 것이 있는데 **변증 자체**도 문제가 되었다. 내용과 정신 모두에서 문제가 되었다. 특히 이 책에 변증의 정신을 많이 논할 텐데, 이는 변증을 제시하는 바람직한 방식에서 핵심 요소다.

사실 어느 입장이든 논리적으로 변호하면 다 변증이지만, 여기서 나의 관심은 오직 **기독교적** 변증에 있다. 기독교적 변증이라면 예수께서 하실 법한 방식으로 해야 한다. 변증은 승자와 패자를 가리는 시합이 아니라 사랑의 섬김이다. 믿음을 굳건하게 하고자 답을 찾아내는 일이다. 따라서 그리스도의 정신과 그분 방식의 지성으로 해야 하며, 그런 지성이 우리에게도 가능해졌다(빌 2:5).

그리스도의 길을 걷는 사람들은 다른 모든 면에서 더 나아야 하듯이 논객으로서도 지상 최고가 되어야 한다. "내가……너희와 항상 함께 있으리라"(마 28:20)고 하신 분이 우리를 도우시기 때문이다. 예수는 우리의 사고를 도우시고 우리에게 자신의 영을 주신다. 그리스도의 정신으로 하는 변증이 어떤 것인지 차차 자세히 설명할 것이다.

이념에 좌우되는 인간

세상을 돌아가게—경우에 따라 돌아가지 않게—하는 것은 각종 이념이다. 인간은 전적으로 이념에 좌우된다. 우리 각자의 머릿속에는 지도가 있는데 그 지도는 인생, 일의 원리, 우리의 정체성 등에 대한 이념들로 구성된다. 그 지도가 우리에게 어떻게 일이 돌아가고, 무엇이 중요하고, 무엇이 무슨 결과를 낳는지 말해 준다. 인생의 모든 중요한 목표와 씨름할 때 우리는 그 지도와 상의한다. 더 나은 지도를 원할 때조차도 이미 있는 지도에서 출발하는 수밖에 없다. 그래서 우리는 아주 겸손해야 한다. 언제라도 하나님께 나아가 "주여, 저의 지도를 수정하여 주소서. 저의 이념을 인도하여 주소서"라고 아뢸 수 있어야 한다.

그런데 우리는 바로 이념이라는 부분에서 가장 교만하고 완고해지기 일쑤다. 어떤 때는 이념이 틀렸는데도 그 이념을 마냥 자랑으로 여긴다. 많은 경우에 우리는 옛날에 주워들은 생각을 평생 간직하며 무조건 고수한다. 분명히 이념이 틀렸을 수 있는데도 여전히 우리는 거기에 좌우된다. 그래서 우리의 이념을 반드시 진리와 실재 위에 세워야 한다.

진리란 무엇인가?

오늘의 문화를 지배하는 시각은 객관적 진리나 실재란 없다는 것이다. 이른바 "사실"이란 인간의 산물에 불과하며, 지식이란 현재 정의되는 "최고의 전문적 관행"일 뿐이다. 릴리 톰린(Lily Tomlin)의 대사를 빌려 "어차피 실재란 무엇인가? 집단적 직감에 불과하다."[2] 다른 무엇보다도 도덕 원리란 특정 집단들의 편견일 뿐이며,

어떤 집단도 다른 집단보다 우월하지 않다. 하나님이 없이는 인간의 역사와 관습과 욕망의 변화하는 풍경을 조망할 수 있는 발판이 없기 때문이다.

진리에 대한 전통적 관점은 늘 그와 달라서, 진리와 지식과 실재란 당신이나 당신 집단의 생각과 무관하다. 진리의 관건은 실제로 존재하는 것을 제대로 받아들이는 일이다. 당신이나 타인이 어떻게 보든 그 존재는 변함이 없다. 지구는 둥글고, 차가 굴러가려면 탱크에 기름이 있어야 하고, 물건을 사려면 은행 계좌에 돈이 있어야 한다. 부도덕한 일을 하면 품위가 깎이며, 사후에는 누구나 심판과 특정한 성격의 영원한 운명을 맞이한다. 당신이 그런 것들에 대해 어떻게 생각하든 혹은 생각이 없든 상관없다. 그래서 진리는 더없이 소중하며(잠 23:23, 사 59:14-15, 요 18:37 참조), 악과 진리는 공존할 수 없다.

진리가 어찌나 중요한지 예수 그리스도는 진리를 증언하러 세상에 오셨고, 그분의 백성인 교회는 신약에 "진리의 기둥과 터"로 불린다(딤전 3:15). 진리가 빵보다 중요하다. 왜냐하면 우리의 실존과 행복을 떠받치는 빵과 기타 모든 현실을 우리는 진리를 통해서만 제대로 다룰 수 있기 때문이다.

진리는 모든 차원에서 인간의 삶에 소중하다. 진리를 통해서만 현실을 받아들일 수 있기 때문이다. 당신의 자동차에 대한 신념이 틀렸다면 당신은 현실과 불쾌한 충돌을 일으킬 것이다. 투자, 인간관계, 하나님 등 다른 모든 것에 대해서도 마찬가지다. 진리가 전부는 아니지만 진리가 없이는 아무것도 제대로 되지 않는다. 그리스도의 복음을 우리는 진리의 범주에서 이해해야 하고, 그리스도

의 백성으로서 우리가 하는 일을 필수 불가결한 정보의 범주에서
이해해야 한다. 기독교의 복음을 그렇게 보지 않는다면 복음을 전
혀 이해하지 못한 것이다. 예수의 말씀은 인간에게 가장 중요한 주
제들에 대한 최고의 정보다. 사람들이 알든 모르든 그렇다. 그분만
이 우리 이념의 견고한 기초다.

제자도를 통한 이념의 수정

예수께서 주시는 큰 이념은 예컨대 이런 것이다. "회개하라. 천국
이 가까이 왔느니라"(마 4:17). 때가 차서 천국이 눈앞에까지 왔다.
예수께서 그렇게 전하셨다. 그분은 누구든지 돌아서서 들어가기
만 하면 지금 당장 천국을 누릴 수 있다고 하셨다. 그분이 전하신
제자도는 모든 인간에게 찾아올 수 있는 최고의 기회다. 그분이 제
자도를 전하신 이유는 제자도를 통해 우리의 이념이 수정되기 때
문이다.

문제는 요즘 **제자**라는 단어의 뜻이 너무 작아졌다는 것이다. 당
신의 성경을 쭉 훑으면서 제자라는 말이 나올 때마다 학생이나 도
제로 고쳐 쓰면 도움이 될 것이다. 제자란 **학생, 문하생, 학습자**이
기 때문이다. 예수는 "수고하고 무거운 짐 진 자들아, 다 내게로 오
라. 내가 너희를 쉬게 하리라"고 말씀하신다. 그 다음 구절이 무엇
인지 아는가? "나는 마음이 온유하고 겸손하니 나의 멍에를 메고
내게 **배우라**. 그리하면 너희 마음이 쉼을 얻으리니"(마 11:28-29).
이것은 학습의 관계다.

제자도에 대해 우리 시대에는 많은 혼란이 있다. 제자가 되지 않
고도 그리스도인이 될 수 있다는 취지의 가르침이 많이 있다. 그

주제는 『하나님의 모략』과 『마음의 혁신』(*Renovation of the Heart*)
에 상세히 고찰했으니 여기서는 다루지 않겠다.[3] 이것은 당신의
삶 속에서 꼭 생각해 보고 머릿속에 분명히 정리해야 할 문제다.
당신은 예수 그리스도의 제자인가? 예수 그리스도의 학습자인가?
그것이 복음이다. 이런 이념이 당신의 머릿속에 있는 그 지도를 근
본적으로 바꾸어 놓는다.

성령 안에 산다는 의미와 그 방법

예수 그리스도의 학생에게 최고의 목표란 그분의 나라 안에서 그
분처럼 사는 법을 배우는 것이다. 그러려면 예수처럼 되려는 계획
이 필요하다. 마태복음 4:17에 예수께서 우리에게 하시는 말씀은
이런 것이나 같다. "하나님의 천국 통치가 네 바로 앞에 와 있어 이
제 너는 그 통치 아래서 살아갈 수 있다. 그러니 네 인생의 전략을
이 새로운 사실에 비추어 구상하라." 영적 삶을 충만하게 영위하는
법을 배우려면 예수의 전반적 생활 방식을 그대로 따라하면 된다.
그분을 **따르라**. 그러면 하나님의 은혜가 흘러들어 우리의 능력을
변화시킨다.

우리의 활동은 제자도라는 틀 안에서 흘러나와야 한다. 거기서
우리는 성령과 우리 영혼의 교류에 끊임없이 의지한다. 물리적, 사
회적으로 "하나님을 떠난" 세상에서 우리의 타고난 능력과 관계에
의지하는 게 아니다. 최근 수십 년 사이에 우리는 내로라하는 설교
자들, 교사들, "소통 전문가들"의 대대적인 실패를 거듭 보았다. 그
모든 실패를 거슬러 올라가면 잘못된 태도와 행동이 나오는데, 예
수의 전반적 생활 방식을 정말 따를 각오가 되어 있는 사람이라면

여러 당연한 조치들로 그런 태도와 행동을 얼마든지 없앴을 것이다. "내가 그리스도를 본받는 자가 된 것 같이 너희는 나를 본받는 자가 되라"고 한 바울을 따르더라도 마찬가지다(고전 11:1).

이렇듯 하나님을 위해 사고하며 거짓을 무너뜨리고 진리와 실재를 찾아내는 게 당신의 소명인데, 여기에 부응하려면 다음 요건에 충실하기만 하면 된다. 제자라면 누구나 충족시켜야 할 그 요건이란 바로 그리스도를 닮아 가도록 성장을 촉진해 줄 구체적 활동들을 계획하는 것이다. 바로 그것이 영적 삶을 위한 훈련이다. 이것은 자신이 특히 취약한 부분에서 하나님 나라의 실재에 부응하고자 자원해서 행하는 활동이다. 어떤 면에서 이것은 오늘날 그리스도의 사역이 마태복음 28:20의 지상명령의 마지막 조항을 성취할 수 있는 유일한 방법이다. "내가 너희에게 분부한 모든 것을 가르쳐 지키게 하라." 믿음으로 말미암아 은혜로 구원받는다는 틀 안에서 마땅히 이런 훈련을 장려해야 하는데, 그동안 우리는 훈련의 오용에 반발하느라 그러지 못했다. 그 결과 신앙을 고백하는 그리스도인 회중들은 현재 반(反)율법주의(율법이 쓸모없으며 따라서 지킬 의무가 없다는 신념) 때문에 피폐해졌다. 그들은 그리스도의 발자취를 따르는 방법을 보고 배울 기회가 없었다.

내 책 『영성 훈련』(The Spirit of the Disciplines)에 영적 훈련들을 절제(고독, 금식, 은밀함 등)와 행위(공부, 예배, 봉사, 기도 등)의 두 범주로 설명한 바 있다. 그리스도의 학생은 그분을 닮아 가려는 성장 계획의 일환으로 이런 폭넓은 활동들이나 그와 비슷한 활동들에 진지하고 끈질기게 의지적으로 임한다. 그리스도의 전반적 생활 방식에서 그분이 시간을 어떻게 보내셨는지 보라. 그분을 충분히 신뢰하는 가운데 그 생활 방식을 따르라. 변증의 기초는 위로부터 난 이 새로운 삶이다. 변증자는 바로 그렇게 살아야 한다.

자신을 어떻게 생각하느냐에 따라 당신의 행동이 달라진다. 그리스도의 학생인 우리는 이념이라는 더없이 중요한 영역에도 그분을 모셔 들인다. 우리는 이렇게 고백해야 한다. "예수님, 이 부분에서도 저는 주님의 학생이 되겠습니다. 진리 자체에 대해서만이 아니라 주님의 사역자로서 사역하는 법에 대해서도 주님이 원하시는 대로 배우겠습니다." 이념의 중요성과 제자도의 역할(이념이라는 더없이 중요한 영역에서 학생이 되는 일), 이 두 요소가 제자리에 갖추어져 있을 때 비로소 우리는 신약의 사역인 변증에 대해 생각할 수 있다.

2

신약의 변증 현장

너희 마음에 그리스도를 주로 삼아 거룩하게 하고 너희 속에 있는 소망에 관한 이유를
묻는 자에게는 대답할 것을 항상 준비하되 온유와 두려움으로 하고 선한 양심을 가지
라. 이는 그리스도 안에 있는 너희의 선행을 욕하는 자들로 그 비방하는 일에 부끄러
움을 당하게 하려 함이라. — 베드로전서 3:15-16

베드로전서 3:15-16은 신약 최고의 변증 헌장(charter)이며 우리가 이 주제로 살펴볼 많은 본문 중 하나다. 이 본문에는 변증의 두 가지 차원이 나와 있다. (1)**변증의 정황**: 변증의 기본은 당신의 삶의 특성이며 특징이다. (2)**변증의 범위**: 변증은 우리 모두의 일이다. 정황과 범위라는 두 차원은 변증 활동을 이해하는 데 대단히 중요하다. 이 일에 실제로 임하는 법을 모든 사람이 마음을 열고 배워야 한다.

또 하나 이 본문에서 볼 수 있는 것은 변증이 비신자들을 향한 사역만이 아니라 모종의 어려운 문제나 질문으로 씨름하는 모든 이들을 향한 사역이라는 것이다. 이 점을 힘써 강조할 필요가 있다. 예수 그리스도의 복음이 직면해 있는 큰 문제는 교회 바깥의 회의가 아니라 교회 안의 회의이기 때문이다. 우리는 회의를 사랑으로 다루며 도움을 줄 수 있어야 한다. 특히 회의 때문에 누구도 꾸짖거나 창피를 주어서는 결코 안 된다. 사람들을 있는 모습 그대로 받아들이고 그들의 자리에서 만나 줄 수 있어야 한다.

회의를 다루는 모범

당신도 기억하겠지만 요한복음 20장의 사건은 회의하는 사람들을 대하시는 예수의 방법을 아름답게 예시한다. 요한은 제자 도마를 이렇게 묘사한다.

> 열두 제자 중의 하나로서 디두모라 불리는 도마는 예수께서 오셨을 때에 함께 있지 아니한지라. 다른 제자들이 그에게 이르되 "우리가 주를 보았노라" 하니 도마가 이르되 "내가 그의 손의 못 자국을 보며 내 손가락을 그 못 자국에 넣으며 내 손을 그 옆구리에 넣어 보지 않고는 믿지 아니하겠노라" 하니라(24-25절).

이 정도면 보통 회의가 아니지 않은가? "나는 보는 것만으로 부족하다. 만져 보고 싶다. 환각이 아님을 확인하고 싶다!" 사실 이것은 정직한 접근이다! 하나님은 우리의 정직한 의문을 존중하신다. 그분께 이것은 확실한 일거리가 된다.

예수는 도마를 일주일쯤 그 의문으로 애태우게 두신 것 같다. (어느 정도까지는) 애태워 보는 것도 좋다. 그래야 답이 주어질 때 정말 준비된 마음으로 답을 받을 수 있다. 그래서 예수는 도마를 여드레쯤 그 문제로 씨름하게 두셨다. 그러다가,

> 여드레를 지나서 제자들이 다시 집 안에 있을 때에 도마도 함께 있고 문들이 닫혔는데 예수께서 오사 가운데 서서 이르시되 "너희에게 평강이 있을지어다" 하시고 도마에게 이르시되 "네 손가락을 이리 내밀어 내 손을 보고 네 손을 내밀어 내 옆구리에 넣

어 보라. 그리하여 믿음 없는 자가 되지 말고 믿는 자가 되라"

(26-27절).

예수는 도마가 회의를 헤쳐 나가도록 기꺼이 도우셨다. 이것이 주께서 자신의 사람들과의 관계 속에서 보여주시는 그분의 특성이다. 이어지는 그분의 말씀을 보라.

"너는 나를 본 고로 믿느냐. 보지 못하고 믿는 자들은 복되도다"

(29절).

예수께서 고민하는 도마를 그냥 내버려 두지 않으시고 믿음과 확신의 복을 주셨음을 잊지 말라. 그분은 그가 요구하던 증거를 주셨다. 이것이 예수께서 회의에 접근하시는 전형적 방법이다. 그분은 정직하게 회의하는 자들에게 최선의 방법으로 응답하셨고, 덕분에 그들은 회의에서 지식으로 옮겨 갈 수 있었다.

대학에서 가르치다 보면 나는 교회에서 자신의 의문과 회의에 솔직해지도록 배우지 못한 학생들을 아주 많이 접한다. 그들이 대학에 오면 갑자기 이런 말을 하는 (나와 얼추 비슷해 보이는) 사람들을 맞닥뜨린다. "사실 기독교인들은……정말 사고할 줄을 모른다. 그들은 진리를 모른다." 학생들은 이런 환경 속에서 제기되는 이슈들을 사고할 준비가 되어 있지 않아 종종 신앙을 버린다. 교회에 다니는 많은 사람들은 교회에서 듣는 내용에 의문을 품어서는 안 되며 회의란 나쁜 것이라고 배웠다. 하지만 그들은 회의의 큰 가치를 놓치고 있다. 회의는 당신을 자극하여 계속 사고하고 질문하게 한다. 성경에서 예수께서 질문으로 얼마나 많은 일을 하셨는지 보라.

우리 문화는 회의하는 사람이 믿는 사람보다 사실상 더 똑똑하다고 가르친다. 그래서 나는 사람들에게 이렇게 말한다. "회의하는 사람이 되려면 당신의 신념을 믿고 회의를 회의할 뿐 아니라 또한 신념을 회의하고 회의를 믿어야 한다." 지식이란 그렇게 자란다. 우리는 사람들과의 대화, 다양한 종류의 질문, 좋은 강연의 경청, 관련 주제들의 독서 등을 통해 그런 과정을 지속한다. 많은 시간이 소요될 수 있으므로 우리는 그런 일들을 함께 모여서 하고 각자 배운 것을 공유한다. 그래서 우리의 교제가 열려 있는 게 그토록 중요하다. 또 사람들 특히 젊은이들에게 자신의 회의를 그대로 인정하고 대화하도록 권해야 한다. 회의는 좋은 화제다.

믿음의 본질

리처드 로빈슨(Richard Robinson)은 20세기 후반의 대표적인 무신론자 철학자 중 하나였다. 그는 1996년에 사망하여 지금은 실상을 알겠지만, 1964년에는 『한 무신론자의 가치관』(An Atheist's Values)이라는 책을 펴냈다. 그 책에 이런 말이 나온다.

> 기독교 신앙은 단지 신의 존재를 믿는 게 아니라 증거야 어찌
> 됐든 신의 존재를 믿는 것이다. 기독교적 의미에서 "믿음이 있
> 다"는 말은 "증거와 무관하게 무조건 신의 존재를 믿는다"는 뜻
> 이다. 기독교 신앙은 신의 존재 여부에 대한 질문의 답을 정하
> 고 지키는 과정에서 이성을 멸시하는 버릇이 있다.[1]

이 말은 1970년대의 텔레비전 시트콤 「모두가 한 가족」(All in the Family)에서 아치 벙커(Archie Bunker)라는 등장인물이 밝힌 믿음의 정의를 연상시킨다. "믿음이란 세상에 있는 모든 것을 다 준다 해도 믿을 수 없는 것이다."

우리 문화는 믿음의 본질에 대해 위와 같은 비참한 가르침들을 내놓는다. 그것이 우리의 교회들에도 스며들어 있다가 젊은이들(사실은 우리 모두)이 다른 정황 속에 들어가면 그들을 괴롭힌다. 그래서 우리는 기독교 교회의 이 "변증 사역 헌장"이 실존 인물들의 실제 상황을 다루는 진술임을 알아야 한다. 이 진술은 우리에게 회의하는 사람들을 돕고 그 회의를 정직하게 다루라고 도전한다. 답이 있기 때문이다.

하지만 여기 우리 자신의 또 다른 문제가 있다. 많은 경우에 우리가 회의를 정직하게 다루지 못하는 이유는 답이 없을까 봐 두려워서다. 그만큼 우리 자신의 믿음이 약하다는 뜻이다. 재차 말하거니와 오늘날 그리스도의 복음이 직면한 가장 큰 문제는 교회 바깥의 회의가 아니라 교회 안의 회의다.

변증의 사역이 모든 사람을 향한 사역임을 알아야 한다. 그들이 어디에 있든, 자칭 그리스도인이든 아니든 관계없다. 머릿속에 자리한 이념들이 우리를 좌우하기 때문이다. 그리스도인으로 살아가면서 우리는 이 본문과 비슷하게 묻는 모든 사람에게 마음이 열려 있어야 한다. "당신은 왜 희망에 차 있는가? 속에 무엇이 있는가? 뭔가 분명히 다르기에 하는 말이다!" 바로 그 정황 속에서 우리는 변증의 사역을 수행한다.

변증의 정황

이제 베드로전서 3:15-16을 자세히 살펴보자. 문맥을 살펴볼 필요가 있으므로 핵심 본문의 이전에서부터 시작한다. 베드로는 10-12절에 시편 34:12-16을 인용한다.

그러므로 생명을 사랑하고 좋은 날 보기를 원하는 자는

혀를 금하여 악한 말을 그치며 그 입술로 거짓을 말하지 말고

악에서 떠나 선을 행하고 화평을 구하며 그것을 따르라.

주의 눈은 의인을 향하시고 그의 귀는 의인의 간구에 기울이시되

주의 얼굴은 악행하는 자들을 대하시느니라.

이어 그는 13-14절에 이렇게 말한다.

또 너희가 열심으로 선을 행하면 누가 너희를 해하리요. 그러나

의를 위하여 고난을 받으면 복 있는 자니 그들이 두려워하는 것

을 두려워하지 말며 근심하지 말고.

바로 여기서 당신은 변증의 정황을 이해해야 한다. 지금 우리는 사람들이 의를 위하여 고난당하는 상황을 다루고 있다. 베드로의 이런 생각은 어디서 온 것일까? 어디서 들어 본 말 같지 않은가? 그의 오랜 친구이신 예수께서 하신 말씀이 아닌가? 팔복을 기억하는가? 팔복에 보면 의를 위하여 고난당하는 사람은 정말 행운이라고 되어 있다. 왜 그럴까? 의를 위하여 고난당할 때 천국이 당신 삶 속의 실재임을 알기 때문이다. 그 실재가 당신 안에 들어오므로 당신은

자신이 죽음 없는 초자연적 삶을 영위하고 있음을 깨닫는다.

이렇듯 위협조차 두렵지 않고 행복하면 당신은 근심하지 않는다. 마음속의 특별한 자리에 주 하나님을 모셨기 때문이다. 이제 당신은 "너희 속에 있는 소망에 관한 이유를 묻는 자에게……온유와 두려움으로" 대답할 준비가 되어 있다. 변증에 임하는 나의 많은 동료들이 "온유와 두려움으로"라는 말을 자신의 이마에 새겼으면 좋겠다. 베드로의 교훈은 거기서 끝나지 않는다. 16절에 그는 "선한 양심을 가지라. 이는 그리스도 안에 있는 너희의 선행을 욕하는 자들로 그 비방하는 일에 부끄러움을 당하게 하려 함이라"고 말한다.

이렇듯 고난 속에서도 행복한 사람들이 본문의 문맥을 이룬다. 그들은 두렵지 않기에 근심하지 않으며 주변 사람들이 보기에도 기쁨이 충만하다. 이 기쁨은 잠깐의 짜릿한 쾌감이 아니라 삶 전반에 풍겨 나는 한결같은 행복감이다. 선하신 하나님이 그것을 소망과 함께 불어넣어 주신다.

이것을 우리 시대에 맞게 바꾸어 본다면 사람들이 그리스도를 따르는 이들의 불운한 상황을 보며 이렇게 말하는 것과 같다. "당신은 암으로 죽어 가고 있다." "당신은 옳은 일을 하다가 박해받고 있다." "당신은 선을 행했는데 사람들이 당신을 함부로 대한다." "당신은 사람들을 도우려 했는데 그들이 당신에게 해를 입혔다." "당신은 직장에서 진실의 편에 섰다가 승진을 놓쳤다." "당신의 사회적 소신 때문에 당신의 자녀가 홀대당하고 있다." 그리고 이 모든 말 뒤에 "……그런데도 당신은 행복하다!"는 말이 붙는다.

이런 그리스도인들은 그런 상황 속에서도 "도대체 왜 나에게 이런 일이 생기는가?"라고 우는소리를 하지 않는다. 하지만 그렇게 하는 사람들도 많다. 그리스도를 믿는다는 많은 사람들도 시련이 닥치면 "도대체 왜 나에게 이런 일이 생기는가?"라고 말한다. 야고보가 우리에게 여러 가지 시험을 당하거든 어떻게 하라고 말했는지 기억나는가? "온전히 기쁘게 여기라"고 했다(약 1:2).

내가 이 부분을 길게 말하는 이유를 부디 이해하기 바란다. 그만큼 변증의 정황이 매우 중요하기 때문이다. 당신은 이 세상 너머에 존재하는 삶을 드러내 보여야 한다. 그것이 당신의 속에 흘러들어, 겉보기에 아주 힘든 상황에서도 기쁨과 평안과 힘을 가져다준다는 표시가 나야 한다. 그렇지 않으면 사람들이 당신에게 물어볼 게 없다. 당신의 행동도 주변의 비신자들과 다를 바 없을 테니 말이다. 거기서 생겨나는 많은 문제들은 이미 변증과 거리가 멀다. 당신의 용서를 구하는 한이 있더라도 꼭 할 말은 해야겠다. 지금 우리가 말하고 있는 삶은 예수께서 "무릇 살아서 나를 믿는 자는 영원히 죽지 아니하리니"라고 말씀하신 바로 그 삶이다(요 11:26).

이 말씀은 그냥 듣기 좋은 말인가, 아니면 정말 그런 의미인가? 성경을 읽을 때 우리는 저자들이 정말 그런 의미로 썼는지 생각해 보아야 한다. 그들은 정말 그런 의미로 썼다! 그들은 천국의 실재에 대해 말하고 있다. 지상 만국을 쓸어버릴 손대지 않은 돌(단 2:45)이 이미 여기에 와 있다! 그 돌은 바로 예수 그리스도이시며 사람들은 그 돌에 걸려 넘어질 것이다. 머릿돌이신 그분이 이미 오셨다. 그 실재가 내 것이 되지 않는 한 우리도 다른 모든 사람들처럼 그냥 무섭지 않은 척할 것이다. 애써 겉만 그럴듯하게 꾸밀 뿐이지 정작 우리에게 평안과 힘을 가져다주는 **실재**는 없다. 그러므로 우리 삶이 아직 그 자리에 이르지 못했다면 이 문제를 꼭 다루어야 한다. 도움을 받아서라도 그것을 **나의** 정황으로 만들어야 한다. 일단 그렇게 되면 우리가 확연히 달라져 사람들이 보고 이렇게 말할 것이다. "어찌된 일인가? 당신은 어떻게 그렇게 살 수 있는가?"

사람이 등불을 켜서 말 아래에 두지 않는다 하신 예수의 말씀이 기억나는가? 그분은 당신이 산 위에 있는 동네와 같다고 하셨다(마 5:14-15). 산 위의 도시를 숨길 생각을 해본 적이 있는가? 당신에게 샌프란시스코를 숨기는 일이 맡겨진다는 게 상상이나 되는가? 예수의 말씀인즉 당신이 천국과 맺어지면 어딘지 확 달라져 사람들이 이런 생각을 한다는 것이다. "어떻게 된 일인가? 당신에게 있는 게 무엇인가? 당신은 왜 이렇게 다른가?" 바로 그것이 변증의 정황이다.

변증은 우리 모두의 일이다

변증 헌장에서 이번에는 변증이 우리 모두의 일이라는 전제에 주목해 보자. 변증이 만인의 일인 까닭은 그 일에 요구되는 이성이라는 타고난 능력이 인간이라면 누구에게나 있기 때문이다. 그 능력을 우리는 하나님께 드려야 한다. 그러면 그분이 그것을 성령으로 충만하게 하여 우리의 다른 모든 타고난 능력과 똑같이 사용하신다.

성경은 우리에게 마음을 다하고 목숨을 다하고 힘을 다하여 주우리 하나님을 사랑하라고 했다(눅 10:27). 잠깐, 한 가지가 빠지지 않았는가? 그렇다, 우리의 뜻(생각, 지성)을 다하여 그분을 사랑해야 한다! 우리 모두는 생각을 다하여 우리 주 하나님을 사랑하도록 부름받았다. 생각으로 그분을 섬겨야 한다.

어떻게 생각으로 하나님을 사랑하는지 궁금했던 적이 있는가? 생각을 그분께 집중하면 되고 모든 사고력을 그분이 쓰시도록 그분께 바치면 된다. 하나님이 성경과 자연을 통해 주시는 메시지를 우리는 지성을 구사하여 진지하게 생각하고, 다른 사람들에게도 똑같이 하도록 가르친다. 생각으로 그분을 사랑하려면 그렇게 하면 된다.

지성이라고 다를 것 없이 인간 자아의 다른 모든 부분들과 마찬가지다. 이렇듯 우리 모두는 생각으로 하나님을 섬기도록 부름받았으며 따라서 이것은 우리 모두의 일이다.[2]

온유와 두려움과 선한 양심

마지막으로, 책의 첫머리에 밝혔듯이 변증은 온유와 두려움과 선한 양심으로 수행하는 사역이다. 두려움을 **경외함**으로 옮긴 역본들도 있다(KJV 등). 여기서 이런 질문이 나올 수 있다. "**두려움**이라니 무슨 뜻인가? 바로 앞의 14절에는 '두려워하지 말'라고 하지 않았는가?" 이것은 바울이 말한 이런 구절과 비슷하다. "두렵고 떨림으로 너희 구원을 이루라. 너희 안에서 행하시는 이는 하나님이시니 자기의 기쁘신 뜻을 위하여 너희에게 소원을 두고 행하게 하시나니"(빌 2:12-13). 당신이 변증의 사역을 두려움으로 해야 하는 이유는 하나님과 함께 일하기 때문이다. 하나님과 함께 일하면서 무섭지 않다면 미련한 사람이다.

전기(電氣)를 좋은 예로 들 수 있다. 우리는 다 전기에 아주 익숙하며 일상생활 속에서 전기를 활용할 줄도 안다. 하지만 사용법을 따르지 않을 때 벌어질 수 있는 사태에 대한 두려움도 공존한다. 주변의 전깃줄과 콘센트와 송전선에 흐르는 전기와 전력에 대한 아주 건강한 두려움이 우리에게 있다.

그러므로 이것은 나쁜 의미의 두려움이 아니라 다만 하나님이

하나님이심을 기억하는 것이다. 그분은 온 우주의 근원이시자 우주보다 훨씬 더 커서 우리는 그 차이를 가늠할 수조차 없다. 그런데도 그분은 낮은 데로 오셔서 인간을 돌보아 주신다. 우리가 그 사실을 온전히 인식하고 살아가는 바로 그때, 사람들은 우리에게 다가와 이렇게 말한다. "당신은 정말 행복해 보인다. 이유가 무엇인가?" 사람들이 그런 의문을 품고 당신에게 와야 한다.

참으로 행복한 삶의 결과

사람들이 삶에 대해 투덜거리며 신음하는 소리가 들리는가? 세상에는 행복이 별로 없지 않은가? 당신이 참으로 행복하다면 부어오른 엄지손가락처럼 표시가 나게 되어 있다. 그런 것을 숨길 수는 없다. 그래서 사람들이 "당신은 왜 행복한가?"라고 묻게 마련이다. 일주일이 걸릴 수도 있고 일 년이 걸릴 수도 있으나 반드시 묻게 되어 있다.

이때 우리의 반응은 일반적 전도나 증언의 사역이 아니라 변증이다. 변증은 질문에 답하여 타인에게 믿음의 문을 열어 주는 일이다. 변증은 사람들이 믿는 데 도움이 된다. 그들이 이미 뭔가를 보았기 때문이다. 그들에게 비친 우리의 모습이 그들의 생각에 나쁠 때도 있고 좋을 때도 있지만 어쨌든 그들로서 이해하기 힘든 것만은 분명하다. 바로 그것이 계기가 되어 그들은 와서 질문을 던진다.

이제부터 그것을 더 추상적 차원에서 살펴보겠지만 일단 이 본문에 대해 몇 가지 기본적 요지를 알았기를 바란다. 어떤 본문을 보든지 늘 전체 문맥을 읽어야 한다. 베드로전서 3:15-16을 문맥 속에서 보면 우리에게 변증 활동이 요구됨을 알 수 있다.

3

성경적 변증

그 기한이 차매 나 느부갓네살이 하늘을 우러러 보았더니 내 총명이성이 다시 내게로 돌아온지라. 이에 내가 지극히 높으신 이에게 감사하며 영생하시는 이를 찬양하고 경배하였나니 그 권세는 영원한 권세요 그 나라는 대대에 이르리로다. — 다니엘 4:34

하나님이 세상을 이처럼 사랑하사 독생자를 주셨으니 이는 그를 믿는 자마다 멸망하지 않고 영생을 얻게 하려 하심이라. — 요한복음 3:16

성경적 변증의 본질에 대한 개념을 정리할 때는 매우 신중을 기해야 한다. 성경적 변증이란 성령께 복종하는 가운데 우리의 타고난 사고력을 최대한 바르게 사용하여, 하나님과의 인격적 관계 속에서 믿음으로 힘차게 살아가지 못하게 막는 회의와 문제를 없애는 일이다.

여기에는 하나님을 믿는 것부터 하나님에 대해 올바른 내용을 믿는 것까지 전체가 다 망라된다. 알다시피 히브리서 11:6에 이런 말씀이 있다. "하나님께 나아가는 자는 반드시 그가 계신 것과 또한 그가 자기를 건성으로 찾는 자들에게 상 주시는 이심을 믿어야 할지니라." 아차, 잘못된 단어가 있는가? 내가 좋아하는 흠정역에는 "**부지런히 찾는 자들**"로 되어 있다. 부지런히 찾는 태도는 많은 것들의 표현이지만 특히 믿음과 확신의 표현이다. 믿음이 건성이면 사고도 건성이 된다. 그런 건성의 태도가 일을 몽땅 망쳐 놓는다.

사람들에게 사고에 대해 말할 때 우리에게 떠오르는 것 중 하나는 골로새서 2:8의 진술이다.

누가 철학과 헛된 속임수로 너희를 사로잡을까 주의하라. 이것

은 사람의 전통과 세상의 초등학문을 따름이요 그리스도를 따
름이 아니니라.

그러니 사고란 어딘지 막연히 악한 게 아닌가? 우리가 생각을 한다
는 게 오만하지 않은가? 흔히들 그런 식으로 말하며, 바울이 골로
새 교인들에게 철학과 헛된 속임수를 주의하라고 경고한 이 구절
도 자주 그런 취지로 인용된다.

　여기서 이 진술의 문법에 주의할 필요가 있다. 내가 당신에게 음
주 운전의 위험을 경고한다면 당신은 그 진술에 의거하여 운전이
나쁘다고 결론짓겠는가? 그렇지 않을 것이다. 조심해야 할 것은
음주와 운전의 조합이다. 당연히 당신은 운전을 끊을 생각이 들지
않을 것이다. 만일 옷차림과 헛된 속임수에 대해 경고를 받는다면
당신은 옷 없이 살아갈 생각이 들겠는가? 그렇지 않기를 바란다!
당신의 바람직한 반응은 옷차림으로 교만과 허영을 채우지 않도
록 단정하게 입는 것이다. 바울이 우리에게 주의하라고 경고하는
것도 철학이 아니라 철학과 헛된 속임수의 **조합**이다.

　말이 난 김에 당신에게 경고할 또 하나의 위험한 조합이 있다.
바로 무지와 헛된 속임수다. 사실 이것은 철학과 헛된 속임수보다
더 난공불락이며 흔히 생각 없는 모습으로 나타난다. 생각이 없으
면서도 교만한 사람들을 나는 많이 알고 있다. 골로새서 본문에서
(예컨대 고린도전서 8:1 등 다른 데서도 마찬가지다) 바울이 우리에게
주는 경고는 지식이 우리를 교만하게 할 수 있다는 것이다. 당신은
지식을 자랑할 수 있으며, 실제로 그것이 많은 사람들의 문제다.
학교에서도 그 문제가 넘쳐난다. 학습 과정에서 교사 등 타인들의

생각 없는 언행에 심한 상처를 입은 사람들이 많다. 그들은 모욕감에 사고와 학습을 지독히 미워하게 되어 학교를 중퇴할 수도 있다. 또는 "자기방어"로 반응하여 일부러 지적(知的)으로 다른 사람들을 깎아내릴 수도 있다.

그런 사람들이 기독교적 변증을 잘못 알면 정말 숱한 피해를 입힌다. 그래서 바울은 그 고질적 문제에 대해 우리에게 아주 중요한 경고를 발한다. 우리는 철학과 헛된 속임수의 조합을 조심해야 한다. 그것은 무신론의 형태로 찾아올 수도 있고 십자가 목걸이를 두르고 찾아올 수도 있다. 여기서 핵심은 철학과 헛된 속임수에 대한 최선의 답이 예수 그리스도의 영 안에서 이루어지는 **좋은** 철학과 **좋은** 사고라는 것이다.

그렇다면 철학이란 무엇인가? 철학이란 최선의 삶의 길, 곧 최선의 존재 양식과 행위 양식을 알아내려는 노력이다. 동서고금의 철학자들을 보면 그것이 그들의 관심사였음을 알 수 있다. 철학의 한 가지 독특한 특징은 계시를 구할 필요가 없다는 것이다. 계시를 구할 수도 있지만 꼭 그럴 필요는 없다. 계시를 믿는 많은 철학자들도 논증을 전개할 때는 계시에 기초한 전제를 사용하지 않는다. 평범한 인간에게 부여된 역량을 통해 삶에 접근하는 것이 그들의 관건이기 때문이다. 그들은 이성을 구사하여 모든 인간에게 닥쳐오는 기본 이슈들—영혼과 신(神)과 선한 삶 등의 본질, 옳고 그름의 차이 등등—에 대한 종합적 이해에 도달하려 한다.

예수는 철학자이셨는가? 물론이다. 그분은 하나님과 동행하신 사상 최고의 철학자이셨다. 그런데 많은 사람들이 그 사실을 무서워한다. 근세사의 현대주의와 자유주의 때문이다. 이 두 사조에 따르면 예수는 훌륭한 스승이었을 뿐 그 이상은 아니다. 그래서 이에 대한 반작용으로 지금 교회에는 예수를 아예 스승으로 생각하지 않으려는 사람들이 많다. 그분이 여전히 그 자리에 서서 "나의 멍에를 메고 내게 배우라"고 말씀하시는데도 말이다(마 11:29).

이제 우리는 역사의 산물인 그런 반사작용에서 벗어나야 하며, 명철을 의지하지 않고도 그것을 **사용할** 수 있음을 알아야 한다. 예수께서 바로 그렇게 하셨다. 잠언 3:5에 "너는 마음을 다하여 여호와를 신뢰하고 네 명철을 의지하지 말라"고 했다. 이는 머리를 쓰지 말라거나 생각하지 말라거나 이성이 죄라는 말이 아니라 이성 자체를 신뢰하지 말라는 말이다. 하나님을 신뢰하고 또한 머리를 쓰라. 그것이 우리의 모든 역량에 대한 일반 원리다. 우리는 하나님을 신뢰하고 그분만을 예배하고 섬기면서 또한 우리에게 있는 모든 것─다리와 뇌와 기타 전부─을 구사해야 한다. 그 전부를 하나님께 산 제물로 드려, 그분이 그 안에 내주하시며 써 주시기를 구해야 한다. 이것을 이해하지 못하면 신약의 내용과 방법을 이해할 수 없다. 신약의 내용과 방법이란 하나님과 동행하면서 사고하고 전하고 가르치고 사람들에게 다가가는 것이고, 당신이 받은 진리로 그들을 후히 섬기는 것이다. 이성을 비롯해서 당신에게 있는 모든 것을 최대한 바르게 사용하라. 그러면 잘되게 되어 있다.

내가 좋아하는 인용문을 하나 소개하고 싶다. 웨일스의 전도 사역자 마틴 로이드 존스(Martyn Lloyd-Jones) 박사의 말인데 존 스토트(John Stott)의 소책자 『생각하는 그리스도인』(Your Mind Matters)에 인용되어 있다. 우선 그 책에서 존 스토트는 이렇게 말했다.

믿음과 사고는 서로 짝을 이룬다. 생각하지 않고는 믿을 수 없다. 마태복음 6:30에서 그 한 예를 볼 수 있다. "오늘 있다가 내일 아궁이에 던져지는 들풀도 하나님이 이렇게 입히시거든 하물며 너희일까 보냐. 믿음이 작은 자들아."[1]

스토트가 지적했듯이 예수는 당신에게 **논리적 사고**를 요구하신다. 들풀도 돌보시는 하나님이라면 당연히 당신도 돌보시지 않겠는가?

예수는 새에 관한 재담을 즐겨 하셨다. 예컨대 그분은 "참새 두 마리가 한 앗사리온에 팔리지 않느냐. 그러나 너희 아버지께서 허락하지 아니하시면 그 하나도 땅에 떨어지지 아니하리라"고 말씀하셨다(마 10:29). 다시 말해서 "하나님은 참새도 돌보신다. 너희도 참새 두 마리만큼은 귀하다고 생각되지 않느냐?" 예수는 늘 사람들로 하여금 생각하게 하셨다. 대부분의 사람들은 "물론 나는 참새 두 마리보다 귀하다"고 말할 것이다. 그렇다면 염려하지 말라는 것이다! 예수의 교육 방법은 늘 생각을 자극하여 사람들을 이끄시는 것이었다.

이번에는 마틴 로이드 존스의 진술이다.

이 비유에 나타난 우리 주님의 가르침에 따르면 믿음이란 일차적으로 생각이다. 믿음이 작은 사람의 모든 문제는 생각하지 않는 데 있다. 그는 무력하게 상황에 떠밀린다.……우리는 더 많은 시간을 들여 관찰과 연역을 통해 우리 주님의 교훈을 공부해야 한다. 성경은 논리로 가득하다. 믿음을 순전히 신비로운 무엇으로 생각해서는 결코 안 된다. 우리는 그저 안락의자에 앉아

신기한 일이 벌어지기를 기다리지 않는다. 그것은 기독교 신앙이 아니다. 기독교 신앙은 본질상 생각한다. 새를 보라. 새를 생각하며 추론을 끌어내라. 들풀을 보라. 들의 백합화를 생각하라.……믿음을 이렇게 정의해도 괜찮다. 믿음이란 모든 것이 지적인 의미에서 악착같이 자신을 지배하고 무너뜨리려 할 때 끈질기게 생각하는 사람이다. 믿음이 작은 사람의 문제는 자신의 생각을 통제하지 못하고 다른 것(예컨대 상황)에 지배당하는 데 있다. 그래서 그는 늘 제자리를 맴돈다. 이것이 염려의 본질이다.…… 그것은 사고가 아니라 사고의 부재이며 생각할 줄 모르는 것이다. [2]

이 책 전체에 그것을 여러 방식으로 더 설명할 것이다. 로이드 존스의 말은 성경적 변증의 본질 중 이 첫 번째 요지를 잘 담아낸 탁월한 진술이다.

이성의 역할

여기서 이성이 무엇인지 대략 진술하는 게 좋겠다. 이성이란 실제의 또는 가능한 하나의 사실과 또 다른 사실 사이의 관계를 보는 인간의 능력이다. 두 사실 중 하나가 있으면 다른 하나도 있다. 또는 배타적 관계에서는 하나가 있으면 다른 하나는 없다. 마태복음 6:30에 예수께서 언급하신 사실들은 무엇인가? 전제 1: 하나님은 들풀을 돌보신다. 전제 2: 우리도 최소한 들풀만큼은 귀하다. 그렇다면 결론은 무엇인가? 하나님이 우리도 돌보신다는 것이다. 그것이 이성이다. 실제의 또는 가능한 하나의 사실과 또 다른 사실 사이의 관계다.

수표장을 정리할 때 당신은 실제의 혹은 가능한 사실을 다루게 된다(때로는 정말 불가능한 사실을 맞닥뜨릴 수 있는데 그것은 초과 지출한 수표를 정리하려고 할 때이다). 그 일은 대개 이런 식으로 이루 어진다. 우선 계좌에 일정한 잔액이 있는 상태에서 당신은 수표를 여러 장 끊고 몇 가지 수수료도 낸다. 잔액이 줄어들 것을 알기에 돈을 더 입금한다. 이것은 실제의 사실들이다. 거기서 도출되어야 하는 결과는 무엇인가? 당신은 사고를 구사하여 그 모든 사실들을 서로 연관시켜 현재의 은행 잔액에 도달한다. 그렇지 않은가? 그 것이 이성이며 순전히 사고의 작용이다.

당신은 책을 펴서 읽는 능력이 있듯이 논리력과 사고력도 있다. 자꾸 말해서 미안하지만 이것만은 틀림없이 명확히 해야 한다. 변 증은 **이성**을 구사하는 일이다. 우리의 이성을 하나님께 드려 사람 들을 도와야 한다. 그래야 그들이 자신의 믿음을 키워 주고 넓혀 줄 내용을 이해할 수 있다.

하나님 앞에서 인간의 책임을 다하려면 이성의 역할이 중요하 다. 마태복음 16:1-4을 비롯한 수많은 성경 본문에 이성의 역할이 강조되어 있다.

바리새인과 사두개인들이 와서 예수를 시험하여 하늘로부터 오 는 표적 보이기를 청하니 예수께서 대답하여 이르시되 "너희가 저녁에 하늘이 붉으면 '날이 좋겠다' 하고 아침에 하늘이 붉고 흐리면 '오늘은 날이 궂겠다' 하나니 너희가 날씨는 분별할 줄 알면서 시대의 표적은 분별할 수 없느냐. 악하고 음란한 세대가

표적을 구하나 요나의 표적 밖에는 보여줄 표적이 없느니라" 하
시고 그들을 떠나가시니라.

하나님 앞에서 책임을 다할 때 이성이 기초가 되는 이유는 바로 믿
음을 유발하고 양육하고 교정하는 이성의 능력 때문이다. 이 능력
이 있기에 우리는 이성의 결과대로 살지 않을 경우 하나님 앞에 책
임을 지는 것이다. 믿음의 생성과 지속에서 이성의 역할을 무시하
는 것은 성경의 명백한 의도에 어긋난다. 성경에 따르면 이성은 하
나님을 올바로 예배해야 할 충분한 근거와 토대를 다져 준다.

영국의 철학자이자 성직자인 조셉 글랜빌(Joseph Glanvill)이 일
찍이 1600년대에 이성에 대해 어떻게 말했는지 보라.

신앙을 존중하고 떠받든답시고 이성을 무시한 것보다……신앙
에 더 큰 해악을 끼친 일이 내가 알기로 아무것도 없다. 이로써
기독교 신앙의 기초 자체가 약화되었고 세상은 무신론에 더 가
까워졌다. 이성에 귀를 기울이지 않는다면 하나님의 존재와 성
경의 권위를 입증할 수도 없고 변호할 수도 없다. 결국 우리의
신앙은 기초 없는 집처럼 와르르 무너지고 만다.[3]

알다시피 이성만으로는 하나님의 속성과 활동의 깊이를 결코 다
알 수 없다. 게다가 그런 접근은 본래 하나님 나라에서 하나님 및
인간과 누리도록 되어 있는 인격적 관계에 어울리지 않는다. 이상
적으로 말해서 인격적 관계란 몇몇 단서에 기초하여 상대의 진실
을 연역하는 수준으로 축소되어서는 안 된다. 상대를 고유한 개인

으로 보고 자신을 열어 보이는 일이야말로 늘 모든 인격적 관계의 핵심 요소다. 하지만 이성으로 알 수 있는 부분에 대해서까지 무지하다면 그 관계는 불행하다.

인간의 논리 활동은 믿음의 기초를 이루는 필수 요소다. 논리는 우리 손에 들린 기본 공구다. 그것으로 우리는 하나님과 협력하여 비신자들의 마음속에 믿음이 생겨나게 하고 신자들의 믿음을 바로잡아 준다. 요컨대 이성은 복음의 사역에서 우리 쪽의 열쇠다. 성실한 개인들이 삶의 모든 분야에서 그리하듯이 우리도 논리를 숙달하여 실제로 구사해야 할 임무가 있다.

변증이 아닌 것

기독교적 변증은 우리의 옳음을 입증하려는 시도가 아니다. 우리는 자신의 옳고 그름이 거대한 우주적 사실이 아니라는 것 정도는 이미 알고 있다. 당신은 이렇게 말할지 모른다. "잠깐, 그럴 리가 없다. 내가 구원받은 것은 내가 옳기 때문이다." 아니다. 당신은 구원받았기 때문에 옳다. 사실이 그러할진대 순서를 바로 해야 한다. 당신은 옳아서 구원받은 게 아니다. 당신이 구원받은 것은 하나님의 은혜다. 그분이 당신을 사랑하셔서 자신의 아들을 보내 주셨고, 또 성령께서 복음의 말씀을 통해 당신의 마음을 만져 주셨다. 그래서 당신은 어느새 믿게 되었고, 알고 보니 당신이 믿은 내용이 옳았다. 당신은 그렇게 구원받았다.

그래서 "은혜"가 들어가는 교회 이름이 그렇게 많다. "옳은 교회"에 가려는 사람은 많지 않지만 "은혜 교회"라면 누구나 기쁘게 갈 것이다. 당신도 "옳은 교회"에 가 본 적이 있을지 모른다. 나도 가

보았는데 힘든 곳이다. "옳은 교회"에는 죽은 사람들이 많다. 생명은 은혜에서 나기 때문이다.

내가 옳으면 누군가에게 좀 유용할지 모르지만 아마도 아닐 것이다. 그렇다고 틀려야 한다는 말은 아니다. 다만 옳다는 짐은 굉장히 버거울 수 있다. 옳음의 가치는 하나님은 물론이고 남의 호감을 사는 능력에 있지 않다. 옳음의 가치는 그 덕분에 당신이 실재를 제대로 다루고 삶과 실재를 적절히 통합할 수 있다는 데 있다. 기독교적 변증에 임할 때 우리는 자신이 옳음을 입증하려는 게 아니다.

그런데 믿음을 변호한다는 개념 자체가 적잖이 변질되었다. "믿음의 변호"는 사실 유다서 1:3에 나오는 성경의 표현이다("믿음의 도를 위하여 힘써 싸우라"). 하지만 단언컨대 그 본문에 보면 사람들을 논리적 베서머(Bessemer) 전로(轉爐)[4]에 집어넣고 뜨거운 바람을 쏘여 정화시켜야 한다는 내용은 없다. 유다서에서 말하는 믿음의 변호란 당신의 삶의 모습과 관계된다. 물론 그것은 도덕적 정결함을 가리키며, 올바른 가르침과 교리도 어느 정도 포함된다. 그러므로 변증의 관건이 우리의 옳음을 입증하는 게 아님을 알아야 한다.

A. B. 브루스(A. B. Bruce)가 19세기 말에 쓴 『변증학』(*Apologetics*)이라는 훌륭한 책이 있다. 그 책에 우리의 태도에 대한 아주 좋은 말이 나온다.

> 이렇듯 내가 생각하는 변증이란 믿음의 길을 예비하며, 특히 철학과 과학 때문에 회의가 일어날 때마다 그에 맞서 믿음을 돕는다. 변증의 특수한 목적은 진솔한 사람─곧 어딘지 꾸미거나 속

이지 않는 정직한 사람], 회의의 공격을 받으면서도 정신적으로
신자들에게 공감하는 사람[신자일 수도 있고 신자가 아닐 수도
있다]을 돕는 것이다. 변증의 상대는 믿음이나 불신으로 이미
굳어진 사람이 아니라 그리스도 쪽으로든 그 반대쪽으로든 둘
중 하나로 끌리는 사람이다. 변호에는 적이 전제되지만 그 적은
기독교가 망상이라고 최종 결론을 내린 독단적 불신앙의 사람
이 아니라 신자 자신의 마음속에 있는 반기독교적 생각이다.[5]

예수의 방식으로 변증하려면 변증이 "믿음을 도와야" 한다. "정신
적으로 신자들에게 공감하는 사람"을 돕는다는 "특수한 목적"을 가
지고 변증에 임해야 한다. 왜 그런가? 왜 우리는 이렇게 노력하고
자신을 바쳐 회의를 없애야 하는가? 그만큼 사람들이 한없이 소중
하기 때문이다.

당신은 어린아이가 고통당하며 죽어 가는 모습을 보면 마음이
찢어질 듯 아프다. 왜 그런가? 그만큼 사람들이 한없이 소중하기
때문이다. 상대가 그냥 남이 아니라 자신처럼 느껴진다. 하나님은
각 개인을 보시고 귀히 여기시며, 우리에게도 그분처럼 사람들을
귀히 여기는 법을 가르쳐 주신다. 그래서 지상계명은 우리에게 하
나님을 사랑하는 것 다음으로 이웃을 우리 자신처럼 사랑하라고
가르친다.

그러므로 사람들이 얼마나 귀하고 소중한 존재인지를 아는 것도
하나의 관건이다. 방어적 변론에 빠질 때 당신은 사람들을 귀하고
소중하고 영원한 영혼으로 대하는 능력을 상실한다. 우리가 즐겨
말하듯이 하나님께는 그들의 이 땅에서의 삶은 물론이고 영원을

향한 놀라운 계획이 있다.

그런 이해를 바탕으로 이제부터 우리는 이성을 구사하여 하나님과 함께 사람들을 도울 수 있다. 그들이 고통과 고난과 회의에 잘 대처할 수 있도록 말이다. 상대가 나에게 동의하지 않으면 나는 그들을 공격할 것인가? 아니다. 하지만 그들이 약간 걱정되는 것은 사실이다. 예컨대 학생들은 변증에 대해 흥미로운 개념을 품고 있을 때가 많다. 그중 하나의 말이다. "변증학은 비신자들이 퍼붓는 온갖 반론과 비판적 공격과 따지는 질문에 맞서 기독교 신앙을 변호하기 위한 공부다." 이렇게 말하는 학생도 있다. "변증이란 다양한 비기독교적 인생관에 맞서 기독교적 인생관의 정당성을 입증하는 일이다." 아니다, 그것은 신약의 변증 개념이 아니다.

내가 기독교 신앙을 변호하려는 게 아니라 오히려 기독교 신앙이 나를 변호한다. 어느 곳에 있든 나는 사람들을 돕기 위해 있다. 그러려면 때로 아주 강경한 발언을 해야 하므로 실제로 나는 그런 발언을 할 것이다. 늘 줏대 없이 허허거리며 다녀야 한다는 말은 결코 아니다. 아주 단호하게 확언해야 할 때도 있다. 하지만 그렇다고 방어적이 될 필요는 없다. 굳이 나서서 우리의 정당성을 입증할 필요도 없다. 그 일이라면 그리스도께서 이미 다 하셨다. 그러니 염려할 것 없다. 잘 믿어지지 않거나 받아들여지지 않아 정말 힘들어하는 사람들을 도와주면 된다.

지적인 괴롭힘도 심각한 문제다. 어떤 사람들은 무조건 이기는 게 자신의 본업인 줄로 안다. 이겨야 한다는 것이다! 일체의 반론을 비하하는 것도 그중 한 방법이다. 하지만 당신은 모든 반론과 당신이 상대하는 사람들을 반드시 아주 진지하게 대해야 한다. 상대에게 고민거리가 있다면 잘 귀담아들으라! 비하당해서 도움을 얻는 사람을 나는 본 적이 없다. 한 번도 없다. 괴롭힘을 당해서 도움을 얻는 사람도 본 적이 없다. 마음 대 마음으로 서로를 대해야 한다.

그리스도인인 내가 그리스도인이 아닌 사람과 토론한다면 나는 상대의 어깨에 팔을 두르며 이렇게 말할 수 있었으면 좋겠다. "우리는 함께 진리를 찾고 있다. 내가 틀린 부분을 당신이 지적해 주면 당신 편에 서겠다." 나의 목표는 상대를 이겨 굴복시키는 게 아니다. 예수는 결코 그런 식으로 일하지 않으셨다. 그분이 신랄하게 질타하신 대상은 정작 완전히 눈이 멀어 진리를 보지 못하면서도 자기들이 옳다고 **확신한** 사람들뿐이다.

변증은 지적인 괴롭힘이나 비하가 아니며, 하나님의 은혜 없이 사람들을 구원으로 이끄는 수단도 아니다. 우리는 온유와 두려움으로 성령과 함께 일하며 우리의 논리력을 성령께 바친다. 우리는 하나님이 성령의 가르침으로 그 논리력을 보강하셔서 우리의 말을 통해 상대의 고민하는 마음으로부터 회의의 짐을 덜어 주시기를 기대한다. 회의는 정말 괴로운 것이다. 우리 중에는 그리스도인이 된 지 워낙 오래되어 회의 때문에 정말 고생한 적이 없는 사람들도 있다. 하지만 회의는 괴롭고 믿음은 귀하다. 그래서 베드로는 믿음이 "금보다 더 귀하"다고 했다(벧전 1:7).

친구나 배우자의 성실성에 대해 회의에 빠져 본 적이 있다면 당신도 그 고뇌를 알 것이다. 그것이 에덴동산 이후로 인류의 타락한 상태다. 사람들은 하나님을 의심한다. 그것이 사탄이 하와의 생각 속에 뿌린 씨앗이다. 사탄의 첫 유혹이 의심의 형태로 찾아온 것을 기억하는가? "설마 하나님이 그렇게 말씀하셨을라고?" 하와는 사탄의 꼬임에 넘어가 하나님이 뭔가 좋은 것을 주지 않으려고 자기를 속이신다고 생각했다(창 3:1-7).

회의는 괴로운 것인 만큼 우리의 접근도 그에 상응해야 한다. 변증은 재미있는 수수께끼를 푸는 일종의 기독교적 상식 퀴즈가 아니다. 그런데 변증에 그런 식으로 접근하는 경우가 많다. "슬슬 재미 삼아 우리가 얼마나 알고 있나 볼까?" 하는 식이다. 굳이 그러겠다면 그나마 어떤 다른 일들보다야 낫겠지만, 이를 변증이라 불러서는 안 된다. 변증은 사람들―그리스도인과 비그리스도인―을 도와 회의의 문제를 해결하게 하는 진지한 작업이다.

마지막으로, 기독교적 변증은 기독교가 진리임을 입증하려는 체계적 시도나 "기독교적 증거의 제시"가 아니다. 물론 기독교적 증거의 제시도 정당한 일이지만 말이다. 기독교의 기본 가르침이 진리임을 입증하는 것은 귀한 일이다. 하지만 변증의 사역이 필요한 대부분의 사람들에게 당신이 기독교적 증거를 제시하려 한다면 솔직히 1분도 못 되어 그들의 눈동자가 돌아가거나 졸리듯이 흐리멍덩해질 것이다. 그럴 만도 하다.

변증 사역의 목표는 사람들에게 닥쳐와 힘들게 하는 실존적 질문과 난제에 답하는 것이다. 좋은 예가 있다. 왜 기도하는가? 기도한다고 무엇이 달라지는지 통 모르겠다는 사람들이 많이 있다. 어차피 하나님은 아주 크셔서 모든 것을 아시지 않는가? 게다가 당신이 하필 하나님이 마다하실 것을 구해서 응답이 없을까 봐 두렵지 않은가? 그래서 우리는 "주님의 뜻이라면……"이라고 기도하고 만다. 하지만 그분의 뜻이라면 어차피 그분이 행하실 텐데 왜 굳이

복음과 삶

59

우리가 구하는가? 또 그분의 뜻이 아니라면 어차피 행하지 않으실
텐데 왜 구하는가? 결국 기도를 하든 말든 무엇이 다르단 말인가?

단언컨대 바로 그 어설픈 논리 때문에 많은 사람들이 기도를 하
지 않는다. 기도는 아무런 의미도 없다. 그저 너무 불안에 빠지지
않으려는 작은 의례적 활동일 뿐이다. 물론 그것도 좋다. 거기에
대해 왈가왈부할 마음은 없다. 그러나 기도는 **하나님과의 동역**이
며 이거야말로 우리가 사람들을 도와야 할 근본적 이슈 중 하나다.
여기에 대해서는 뒤에서 더 살펴볼 것이다.

확신과 겸손과 아량과 열린 마음을 갖춘 종

변증에 임하는 그리스도인의 태도는 세 가지로 이루어진다. 첫째
로, 하나님과 그분의 진리를 확신해야 한다. 하나님이 불안하지 않
으시니 우리도 불안할 게 없다. 그분께는 어떤 질문이든 다 해도
된다. 하나님께 나아갈 때 우리에게 요구되는 것은 정직함뿐이다.
어차피 그분을 속일 수도 없다. 어떤 사람들은 하나님께 똑같은 것
을 두 번 구해서는 안 된다고 말한다. 처음 구할 때 그분을 믿지 않
았다는 증거라는 것이다. 그렇다면 두 번째 구할 때까지는 그분이
모르신단 말인가! 하나님에 대한 확신이 필요하다. 그분은 만고의
왕이신지라 사탄을 비롯해서 그 누구도 속수무책이다.

둘째로, 사람들을 향해 겸손하고 너그럽게 마음을 열어야 한다.
상대가 자신의 입장을 자세히 설명하려 하면 우리는 경청한다.
『찰스 피니의 부흥론』(Revival Lectures)에 이런 놀라운 말이 나온다.

나는 만인구원론을 비판하는 설교를 많이 들었는데 득보다 해

가 더 크다. 오늘날의 만인구원론의 논리를 설교자들이 모르
기 때문이다.……사역자가 현재의 어떤 이단을 반박하려면 그
것의 현 실상을 알아야 한다.……상대의 교리 자체를 면전에
서 잘못 말하면서 논리로 그를 설득하려는 것은 부질없는 일이
다.……상대는 이렇게 말할 것이다. "이 사람은 공정하게 논쟁
할 줄 모른다. 우리 쪽의 교리를 왜곡해야만 나를 논박할 수 있
다." 그런 식으로는 큰 해를 입힐 뿐이다. 물론 사역자가 상대를
일부러 왜곡하지는 않지만, 오류에 빠져 있는 불쌍한 사람들이
그 결과로 지옥으로 간다. 사역자가 굳이 상대의 진짜 오류를
숙지하지 않기 때문이다.……이런 사례를 언급하는 이유는 실
제 상황에 부응하려면 사역자에게 지혜가 절실히 필요함을 보
이기 위해서다.[6]

하지만 실제로 그런 일이 벌어지고 있다. 이제 우리는 너그럽게 마
음을 열고 함께 배워야 한다. 아직 다 배우지 못했으니 더 배워야
하며 그러려면 겸손해야 한다.

셋째로, 사랑으로 섬기려는 참된 열망이 있어야 한다. 섬기고 싶
은 게 우리 모두의 마음이다. 기독교만이 사랑에 기초한 종교임을
잊지 말라. 요한복음 3:16 같은 내용이 다른 어느 종교에 또 있던
가? 요컨대 변증의 관건은 정말 사람을 돕는 데 있다.

디모데후서 2:24-26로 말을 맺고자 한다. 그 속에 우리가 도우려
는 사람들이 나와 있고, 그들을 향해 품어야 할 우리의 태도가 아름
답게 그려져 있다. 변증에 대한 요긴한 조언이 가득한 말씀이다.

주의 종은 마땅히 다투지 아니하고 모든 사람에 대하여 온유하며 가르치기를 잘하며 참으며 거역하는 자를 온유함으로 훈계할지니 혹 하나님이 그들에게 회개함을 주사 진리를 알게 하실까 하며 그들로 깨어 마귀의 올무에서 벗어나 하나님께 사로잡힌 바 되어 그 뜻을 따르게 하실까 함이라.

4

믿음과 이성

하늘이 하나님의 영광을 선포하고
궁창이 그의 손으로 하신 일을 나타내는도다.
낮은 낮에게 말하고
밤은 밤에게 지식을 전하니
언어도 없고 말씀도 없으며
들리는 소리도 없으나
그의 소리가 온 땅에 통하고
그의 말씀이 세상 끝까지 이르도다. — 시편 19:1-4

믿음으로 모든 세계가 하나님의 말씀으로 지어진 줄을 우리가 아나니 보이는 것은 나타난 것으로 말미암아 된 것이 아니니라. — 히브리서 11:3

예수는 대부분의 가르침에 지각과 이성을 사용하셨다. 이런 표현이 당신에게 괜찮다면 예수는 다른 모든 특징 외에도 아주 똑똑한 인간이셨다. 그분이 논리를 누구보다도 더 잘 아셨다고 말해도 내 생각에 무방하다. 그분은 화학을 누구보다도 더 잘 아셨다. 당신이 생각해 낼 수 있는 다른 모든 주제에 대해서도 마찬가지다.

그분 안에 "지혜와 지식의 모든 보화가 감추어져 있"다고 한 골로새서의 말씀을 잊지 말라(2:3). 물론 그분 안에 모든 보화가 감추어져 있는 이유는 지극히 논리적이다. 그분이 **모든 것**을 지으셨기 때문이다. 따라서 당신이 어떤 분야에서 연구를 하고 있다면 그분을 동역자로 모셔야 한다. 그분이야말로 매사의 원리를 정말 아시기 때문이다. 무슨 일을 막론하고 당신의 문제를 해결하는 데 필요한 지식이 예수께 있다.

예수는 자주 이성을 통해 가르치셨다. 마가복음 11:27부터 12:34까지를 보면 그분이 당대의 지식인들을 아주 예리하게 상대하시는 장면이 나온다. "반대편"은 예수를 제거할 때가 되었다는 판단하에 이번 기회에 그분께 총공세를 퍼부었다. 예수는 각 질문을 신중하게 처리하신 뒤에 12:35-37에 그들이 생각해 보아야 할 교훈 하나를 덧붙이신다. 이는 복음을 가르치고 전파하는 데 논리가 어떤 역할을 하는지 아주 잘 보여주는 사례다. 예수는 단지 그들의 지성을 보기 좋게 꺾으시거나 자신이 무적의 상대임을 알려 주시려는 게 아니다. 그분은 그들에게 중요한 진리를 가르쳐 주신다.

어찌하여 서기관들이 그리스도를 다윗의 자손이라 하느냐. 다윗이 성령에 감동되어 친히 말하되

"주께서 내 주께 이르시되
'내가 네 원수를 네 발 아래에 둘 때까지
내 우편에 앉았으라' 하셨도다"

하였느니라. 다윗이 그리스도를 주라 하였은즉 어찌 그의 자손이 되겠느냐.

여기서 예수는 논리를 사용하여 당시의 주변 사람들이 메시아에 대해 품고 있던 생각에 의문을 제기하신다. (대체로 그들이 생각하던 메시아는 다윗과 비슷하되 어쩌면 좀 더 완벽에 가까운 인물이었다.) 그래서 그분은 "사고하는" 사람들을 이끌어 이 시편 본문을 통해 다윗과 메시아의 관계를 새삼 숙고하게 하신다. 다윗이 주라 부른 이 자손은 누구인가? 이것은 당대의 아버지들이나 할아버지들이 하지 않던 일이다. 그들은 자신의 후손을 주라 부르지 않았다. 이렇게 예수는 그들을 도우신다. 그들이 배울 마음만 있다면 말이다. 그분은 그들을 도와 다윗 언약과 관련하여 메시아의 본질 속으로

더 깊이 들어가게 하신다. 메시아의 의미를 깨닫게 하려 하신다. 그들이 모르고 있었기 때문이다. 그분은 **논리**로 그들을 끌어내 이해의 지점으로 데려가려 하신다.

이것이 성경 전체에서 이성이 사용되는 전형적 방식이다. 우리의 모든 능력은 하나님께 드려져야 한다. 체력, 창의력, 지각력 등 타고난 모든 능력을 정말 그분께 드려야 한다.

천국을 **보는** 일도 거기에 포함된다. 니고데모는 예수를 찾아와 하나님이 그분과 함께하심을 자기가 볼 수 있다고 고백했다. 하지만 예수는 대가답게 이런 말씀으로 니고데모에게 찬물을 끼얹으셨다. "니고데모야, 네가 아직 위로부터 나지 않았다면 하나님 나라를 볼 수 없느니라"(풀어쓴 표현). 본다고 고백하던 니고데모가 그 말씀을 듣고는 그분이 옳다고 순순히 시인했다. 즉시 이렇게 되물은 것으로 보아 알 수 있다. "사람이 늙으면 어떻게 날 수 있사옵나이까. 두 번째 모태에 들어갔다가 날 수 있사옵나이까"(요 3:1-4). 그는 여기서 낙제했다! 이스라엘의 "선생"(유대인의 지도자)인 그가 보기 좋게 빵점을 맞았다! 다름 아닌 본다는 문제에서 그랬다. 당신은 성령을 볼 수 있는가? 영적인 하나님 나라를 볼 수 있는가? 당신의 지각력을 하나님께 드리면 볼 수도 있다. 요한복음과 구약에 본다는 주제가 많이 나온다.

우리의 능력을 전부 하나님께 바쳐야 한다. 그래야 하나님이 그것을 쓰실 수 있다. 태가 죽어 있던 사라도 하나님이 "돌보"시자 임신하여 이삭을 낳았다(창 21:1-3). 하나님의 영이 삼손에게 임하시자(삿 14:19, 15:14) 그는 단련했던 근육을 써서 오직 하나님의 능력으로만 가능한 일을 했다. 성경에 성령으로 충만했다고 기록된 최초의 인물은 사실상 예술가 내지 실내장식가인 브살렐이다(출 31:1-5). 논리력을 포함하여 우리의 **모든** 능력이 하나님께 드려져야 한다. 반드시 우리 쪽에서 드려야 한다. 하나님은 그것을 우리에게 강요하시거나 대신 해주지 않으신다.

미국 종교사의 지난 수십 년 동안 우리는 믿음과 관련하여 이성의 역할을 심히 오해했다. 그래서 사실상 이성을 마귀에게 양도하며 "네가 가져라. 우리는 **믿기만** 할 테니 이성은 너나 가져라"라고 말했다. 생각을 너무 많이 하면 우리는 왠지 죄책감이 든다. 마치 하나님을 대적하기라도 하듯 이성은 어딘지 불편하게 느껴진다. 물론 이성은 하나님을 대적할 수도 있다. 당신이 떠올릴 수 있는 거의 모든 것들과 마찬가지다. 하나님께 드려야 한다고 말한 모든 능력도 그분을 대적하는 자리에 놓일 수 있다. 그러나 당부컨대 당신이 알아야 할 것은 예수의 사역과 신약을 잘 보면 이성이 사용되고 있음을 명명백백하게 볼 수 있다는 사실이다.

성령의 지도하에 이성을 사용한 사례가 분명히 성경에 많이 나온다. 당신에게 사도행전 2:7-36을 분석해 보라고 도전하고 싶다. 이성의 쇠망치로 연달아 내리치는 논리적 전개가 보일 것이다. 그 날 베드로는 "성령께서 알아서 하시겠지" 하면서 그냥 아무 말이나 머릿속에 떠오르는 대로 내뱉은 게 아니다. 그게 아니라 성령께서 그를 인도하여 논리를 잘 펴게 하셨다. 성령의 지도하에 논리를 잘 폈더니 베드로의 말을 듣던 사람들의 마음속에 진리의 기둥이 박혔다. 기억할지 모르지만 성경에 "그들이 이 말을 듣고 마음에 찔려"라고 나와 있다(37절). 마음에 찔린 이유는 진리가 깨달아졌기 때문이다.

우리의 죄를 깨우치고 분명한 결단으로 이끌어 그리스도를 받아들이게 할 수 있는 것은 오직 진리뿐이다. 감정이 아니라 진리다. 감정도 중요하지만 오늘 우리의 문제는 하나님 나라에 들어오라는 초청을 순전히 감정에 기초하여 받아들인 사람들이 허다하다는 것이다. 그들에게 그렇게 권하는 이유는 그들이 이런저런 나쁜 경험을 했기 때문이다. 그래서 앞에 나와 무슨 말이나 행동을 하게 한다. 그게 꼭 잘못됐다는 말은 아니지만 이를 통해서는 그리스도의 제자에게 요구되는 명료한 이해에 다다를 수 없다.

은혜 아래에 있는 인간의 이성

그리스의 옛 현자이자 스토아 철학자인 에픽테토스(Epictetus, A.D. 55-135)는 이성을 무엇보다 중시했는데, 그에 따르면 이성은 하나님의 존재를 입증하기에 충분하다.

> 겸손히 감사하는 사고의 소유자에게는 정말이지 창조세계의 어느 것 한 가지라도 하나님의 섭리를 입증하기에 충분하다! 초장에서 우유가 나고 우유에서 치즈가 나고 가죽에서 털실이 난다는 가능성만 하더라도, 도대체 누가 그것을 조성하고 계획했는가? 땅을 파든 밭을 갈든 음식을 먹든 우리는 하나님을 찬송하는 게 마땅하지 않은가? 우리에게 이런 도구를 공급하셔서 토지를 경작하게 하시는 하나님은 위대하시다. 손과 소화기관을 주시고, 무의식중에 성장하게 하시고, 수면 중에도 호흡하게 하시는 하나님은 위대하시다. 이런 것들을 우리는 마땅히 영원토록 즐거워해야 한다.……나는 이성적 피조물이기에 하나님을 찬

송하는 것이 나의 의무다.……당신도 이 노래를 함께 부르자.[1]

오늘의 우리에게는 이런 정서가 낯설어 보일 때가 많다. 대부분의 사람들은 물리적 또는 자연적 실재만이 유일한 실재라고 믿는다. 그들의 세상에는 그것밖에 존재하지 않는다. 실생활에 관한 한 당신이 정말 의지할 수 있는 것은 물리적, 자연적 실재뿐이라는 가르침이 오늘날 도처에 계속되고 있다. 교회 바깥의 사람들만 그런 게 아니다. 앞서 말했듯이 내가 아는 어떤 사람들은 예수를 믿는데 하나님은 믿지 않는다. 성경에 기술되어 있고 예수 자신과 특히 그분의 부활을 통해 명확히 계시된 그 하나님이 정말 존재하는지에 대해 많은 사람들이 심각한 회의에 빠져 있다.

당신이 참으로 하나님을 믿는지 알려면 당신이 정말 의지하는 게 무엇인지 자문해 보아야 한다. 여기에는 아침에 일어날 때, 가정의 문제를 처리할 때, 사업이나 교회를 상대할 때 등도 포함된다. 많은 사람들이 말로는 하나님을 믿는다고 고백하지만 막상 행동은 불신에서 비롯된다. 그들은 예수께서 자신의 죄를 위해 죽으셨고 자신도 사후에 그분이 계신 곳으로 간다고 믿을 수 있다. 하지만 지금 여기서 행동하는 믿음에 관한 한 그들에게는 하나님께 대한 믿음이 없다. 이것은 우리가 사회와 세상에서 그렇게 교육받았기 때문이기도 하고, 단순히 자연적 실재가 그만큼 거대하기 때문이기도 하다.

시편 42:10에 보면 하나님께 부르짖는 사람의 절망 같은 것이 표현되어 있다. 그런데 하나님은 나타나지 않으신다. 당신도 그 말씀을 기억할 것이다. "내 뼈를 찌르는 칼 같이 내 대적이 나를 비방하여 늘 내게 말하기를 '네 하나님이 어디 있느냐' 하도다." 물리적, 자연적 세계의 거대한 존재가 하나님과 우리 사이를 가로막는 것 같다. 사방의 모든 물리적 문제와 과정을 처리해야 하는데, 이때 우리는 마치 그것을 내 힘으로 처리할 수 있는 것처럼 행세하고 싶어진다.

하나님을 의지한다는 것은 결코 쉬운 일이 아니다. 지폐에 "우리는 하나님을 믿는다"(In God We Trust, 미국의 지폐에 적혀 있는 문구—옮긴이)고 찍어내기는 쉽지만 그 말이 이 나라에 어떤 의미일까? 하나님을 신뢰한다는 것은 무슨 뜻인가? 당신은 이 나라가 정말 하나님을 신뢰한다고 보는가? 하나님을 정말 신뢰하는 사람을 하루에 몇 명이나 만나는가? 직장이나 가정이나 지역에서 뭔가 결정을 내릴 때 당신은 정말 하나님을 신뢰할 수 있는가? 혼자만의 조용한 방에서 그럴 수 있는가?

우리의 문제는 생각을 다 바쳐서 하나님을 알려 하지 않는다는 것이다. 출애굽기 20:4-5에 나오는 제2계명을 우리는 안다. "너를 위하여 새긴 우상을 만들지 말고 또 위로 하늘에 있는 것이나 아래로 땅에 있는 것이나 땅 아래 물속에 있는 것의 어떤 형상도 만들지 말며 그것들에게 절하지 말며 그것들을 섬기지 말라. 나 네 하나님 여호와는 질투하는 하나님인즉." 그래서 우리는 말한다. "다행히 우리는 우상숭배자가 아니다! 그따위 우상들이 하나님이 아님을 예전부터 알았다." 하지만 바울이 재정의했듯이 탐하는 자가 곧 우상숭배자임을 잊지 말라(엡 5:5). 무엇이든 우리가 물리적 세계에서 신뢰하고 최고로 삼는 그것이 곧 우리의 신이 되기 때문이다. 그것을 위해 살고 거기에 의지하면 그것이 바로 우리의 신이다.

쿼이커 운동(Quaker movement)의 창시자인 조지 폭스(George Fox)는 훌륭한 그리스도인이었다. 그의 말이나 행동에 전부 동의하지 않을지는 몰라도 그의 일기를 읽으면 당신도 도전을 받을 것이다. 일기의 한 대목에 이 유혹이 그를 에워쌌던 이야기가 나온다.

하루는 아침에 난롯가에 앉아 있는데 먹구름이 덮이며 유혹이 나를 에워쌌다. 나는 가만히 앉아 있었다. "만물은 자연적으로 생겨난다"는 속삭임과 함께 자연의 요소들과 별들이 내게 밀려왔다. 아주 혼란스러웠다. 하지만 말없이 가만히 앉아 있었으므로 집 안의 사람들은 아무런 눈치도 채지 못했다. 그 상태로 가만히 앉아 있는데 산 소망과 참된 음성이 내 속에 일어나 이렇게 말했다. "하나님이 살아 계셔서 만물을 지으셨다." 먹구름과 유혹이 즉시 걷히고 사방이 생명으로 충만해졌다. 나는 기쁜 마음으로 살아 계신 하나님을 찬송했다. 얼마 후에 어떤 사람들을 만났는데 그들은 만물이 자연적으로 생겨나며 하나님이 없다는 생각을 품고 있었다. 진지한 토론 끝에 그들의 생각을 바꾸어 놓았고, 그중 일부는 하나님이 살아 계시다고 고백했다. 문득 내가 미리 그런 경험을 하기를 다행이라는 생각이 들었다. 그쪽 지방에서 큰 집회들이 열렸다. 주의 능력이 그 지역에 크게 임했다.[2]

"만물은 자연적으로 생겨난다." 그것이 우상숭배의 기본 원리다. 만물이 자연적으로 생겨난다면 당신은 자연의 한복판에서 뭔가 수를 써야 한다. 그래서 당신은 바벨탑 이후로 인류가 해왔던 대로 매사를 자기 힘으로 하려 든다. 일어나서 자연을 정복하려는 우리의 사업은 지금도 계속되고 있다. "아는 것이 힘이다"라는 베이컨(Francis Bacon)의 명언이 우리의 슬로건이다. 이미 우리는 자연을 지배하려고 원자의 내부 작용에까지 손을 뻗쳤다.

C. S. 루이스(Lewis)의 『인간 폐지』(*The Abolition of Man*)는 인류가 스스로 운전석을 차지할 때 벌어지는 일을 멋지게 그려 낸 작품이다.[3] 자연을 지배하려면 결국 우리는 필연적으로 다름 아닌 인류를 지배해야 한다. 그 논리를 피할 길이 없다.

이렇듯 우리는 끊임없이 곤경에 처해 있다. 물리적 세계를 상대해야 하지 않는가? 사실 우리 자신도 물리적 존재다. 우리는 물리적 세계의 한복판에서 몸으로 살아간다. 게다가 지구온난화, 휴대전화의 방사선, 음식물의 농약 등 우리 주변에 벌어지는 일들은 그칠 줄을 모른다. 어렸을 적 미주리 주에서 나의 교사가 앞으로 사람들이 물을 사서 마실 거라고 했을 때 우리는 저런 말도 안 되는 소리가 세상에 어디 있나 싶었다. 그런데 지금 우리를 보라. 우리는 물리적 세계에 갇혀 있다.

자연적, 물리적 세계의 존재가 워낙 거대하다 보니 그게 전부라고 믿고 싶은 유혹이 만만치 않다. 그 이념에는 엄청난 힘이 있다. 우리가 우리 문화의 핵심 성향으로 정확히 짚어 낸 세속적 인본주의(secular humanism)라는 세계관의 배후에도 바로 그것이 도사리고 있다. 세속적 인본주의는 자연적 세계가 전부라는 신념이다. 그것으로 끝이다. 이 세상의 자연적 과정들 너머에는 당신이 의지할 수 있는 게 아무것도 없다. 세속적 인본주의는 정교분리, 각종 권리와 법적 문제 등으로 모습을 드러낸다.

하나님은 왜 더 명확하지 않으신가?

변증으로 자신과 타인에게 유익을 끼치려면 하나님이 왜 더 명확하지 않으신지 설명해야 한다. 내가 사람들에게 자주 제시하는 이유 중 하나가 있다. 하나님이 모든 영광 가운데 나타나신다면 우리는 자칫 **자유의지**를 그냥 버릴 수 있다.

자연적 세계의 관점에서 볼 때 하나님은 그분을 볼 마음이 없는 이들에게는 별로 명확하지 않으시다. 물론 그분은 우리가 그날그날 알아야 할 것들을 아침마다 창공에 쓰실 수도 있다. 그러면 대단하지 않겠는가? 그분은 우리 뇌를 조종하여 매 순간 재론의 여지없이 우리와 직통 교류를 하실 수도 있다. 하지만 그런 방식은 인류를 향한 그분의 계획과 전혀 들어맞지 않는다.

하나님은 인간을 지으신 뒤 곧바로 일을 주셨는데 그때 자신과 그들 사이에 일정한 거리를 두셨다. 그러고는 그들을 찾아오셨다. 태초부터 우리를 향한 하나님의 뜻은 그분과 교제를 나누면서도 또한 그 거리를 유지하는 것이었다. 그래야 우리가 어떤 존재가 될지 자유로이 선택하고 결정할 수 있기 때문이다.

당신도 자녀와의 관계에서 이 문제를 피할 수 없다. 설령 당신에게 자녀를 완전히 통제할 힘이 있다 해도 필시 당신은 웬만해서는 그 힘을 쓰지 않기로 결정할 것이다. 어쩌다 한 번씩은 몰라도 대부분의 경우에는 아닐 것이다. 그랬다가는 자녀를 망쳐 놓을 것을 알기 때문이다. 자녀는 스스로 선택해야 하며 선택하려면 일정한 거리와 자유가 있어야 한다. 자녀는 부모가 모르는 상태에서 뭔가를 할 수 있어야 한다. 그래서 하나님도 어떤 것은 알지 않기로 선택하신다.

하나님의 전지하심

하나님이 뭔가를 알지 않기로 선택하실 수 있다는 개념에 많은 사람들이 반감을 표한다. 그분의 전지하심에 대한 우려 때문이다. 하지만 분명히 말하건대 하나님의 전지하심은 그분의 전능하심을 앞지르지 못한다. 하나님은 알고 싶지 않으신 일을 굳이 아실 필요가 없다. 그분의 전능하심이 무엇이든 뜻대로 하실 수 있는 능력을 의미하듯이 그분의 전지하심도 무엇이든 아실 수 있는 능력을 가리킨다. 하나님의 전능하심은 그분이 하실 수 있는 모든 일을 항상 하고 계시다는—또는 반드시 하신다는—뜻이 아니다. 마찬가지로 그분은 **아실 수 있는** 모든 일을 다 아실 필요가 없다. 그분은 무엇이든 알고 싶지 않으신 일—그런 게 존재한다면—을 모르실 능력도 있다.

하나님은 내 죄를 잊기로 선택하신다면 능히 잊으실 수 있다. 내가 죄를 지었고 그분이 모든 것을 아신다는 이유만으로 그분은 거기 서서 영원히 그것을 바라보셔야 할 필요가 없다. 하나님의 전지하심이라는 교리는 그분의 전능하심의 한 표현이다. 즉 그분은 무엇이든 원하시는 것을 아실 수 있으나 원치 않으시는 것은 굳이 **아실 필요가 없다**. 그분이 모르시기로 선택하시는 것 중에 당신과 나의 부끄러운 모습도 있다.

하나님은 에덴동산에 들어가 아담에게 "네가 어디 있느냐"라고 물으셨을 때 정말 숨바꼭질이라도 하신 것일까?(창 3:9) 그렇지 않다. 우리는 죄를 지으면 무조건 하나님을 피하여 숨으려 하지만, 그분은 워낙 크신 분인지라 숨바꼭질이 이루어지려면 그분 쪽에서 숨으셔야 한다. 그분 쪽에서 숨지 않으시는 한 우리는 결코 그분을 피하여 숨을 수 없다. 그래서 하나님은 우리에게 공간을 주신다. 그렇게 하시는 목적은 그분 쪽에서 구속(救贖) 활동을 통해 역사 속에서 우리에게 다가오시기 위해서이고, 또 우리 쪽에서 그분을 찾아 만날 수 있도록 하시기 위해서다. 성경에 우리가 전심으로 그분을 찾으면 반드시 그분을 만나리라고 했다.

지옥은 왜 있는가?

어떤 사람들은 하나님을 피하여 숨는 정도가 아니라 아예 그분과 최대한 멀리 있기를 원한다. 하나님과 함께 있는 것을 무조건 싫어하는 사람들이 많이 있다. 그들에게 가장 좋은 곳은 어느 곳이든 하나님이 없는 곳인데 거기가 바로 지옥이다.[4] 지옥의 근본적 실체란 하나님과 분리된 상태이며, 그런 상태가 생겨나는 이유는 사람들이 그분과 함께 있기를 원하지 않기 때문이다. 그런 사람들에게는 하나님과 함께 있는 것이야말로 최악의 일이다.

우리가 지옥을 제대로 모르는 것은 천국에 대한 잘못된 생각 때문이기도 하다. 우리는 천국을 안락한 휴양지쯤으로 생각하지만 천국의 가장 좋은 점은 바로 하나님의 임재다. 그분은 이 땅에서는 우리가 원한다면 어느 정도 그분을 피하도록 허용하신다. 하지만 천국에 가면 사방의 지평이 온통 하나님으로 충만하므로 아무도 더 이상 그분을 피할 수 없다. 그런데 당신이 끝까지 자신을 신으로 생각한다면 그분의 충만한 임재야말로 최악의 고문일 것이다. 그래서 때로 나는 천국의 불이 지옥의 불보다 더 뜨겁다고 말한다.

예로부터 우리는 지옥에 대한 온갖 상징을 만들어 냈다. 심지어 지옥의 가구(家具)까지 상상할 정도다. 그런 상징들 중 일부는 정말 우리를 잘못된 길로 빠뜨렸다. 예컨대 마귀를 지옥의 주관자로 생각하는 사람들이 많이 있다. 그는 종종 그곳의 왕으로 그려진다. 하지만 마귀는 결코 지옥의 주관자가 아니라 지옥의 모든 형벌과 고통을 속수무책 당하는 존재일 뿐이다. 그는 이 세상에서는 숱한 고통을 유발했으나 지옥에서는 아무런 힘도 쓸 수 없다.

물론 누구 하나라도 멸망하는 것은 하나님의 뜻이 아니다. 하나님은 사람들을 천국에 들어오지 못하게 막으시려는 게 아니라 어떻게든 천국에 들어오게 하려 하신다. 어떤 사람들은 하나님이 저 위에서 문을 막고 서서 사람들을 들여놓지 않으려 하신다고 생각한다. 아니다, 그분은 들여놓으려 하신다. 문제는 **당신**이 그곳을 견딜 수 있겠느냐는 것이다. 그곳에 간다면 그곳은 당신에게 천국으로 느껴질 것인가, 아니면 그보다 훨씬 못한 곳으로 느껴질 것인가?

지옥이 존재하지 않을 수 있는 유일한 길은 모든 사람이 하나님을 사랑하고 그분을 신으로 원하고 그분의 임재를 선택하는 것이다. 그러면 지옥의 부재가 가능할 뿐 아니라 실현될 것이다. 실제로 그렇게 만들려고 혼신을 다하는 사람들이 있다. 예컨대 만인구원론에 따르면 하나님은 결국 손을 써서 모든 사람을 천국에 들어가게 하실 것이다. (하지만 이것은 우리가 누구에게도 장담할 수 없는 일이다.) 또 요즘 일부 기독교 진영에 윤회 사상이 대두되고 있다. 인간에게 몇 번씩 환생할 기회가 주어져 결국 우리가 실제로 하나님의 임재를 사랑하는 사람들로 변한다는 것이다.

우주에서 하나님이 궁극적으로 존중하시는 것 한 가지는 아마도 인간의 의지일 것이다. 그만큼 인간의 의지가 소중하고 중요하기 때문이다. C. S. 루이스는 이렇게 말했다.

결국 인간은 두 종류뿐이다. 하나는 하나님께 "주의 뜻이 이루
어지이다"라고 고백하는 사람들이고, 또 하나는 하나님 쪽에서
결국 "너의 뜻대로 되리라"라고 선고하실 사람들이다. 지옥에
있는 사람은 누구나 지옥을 선택한다. 본인의 선택이 없이는 지
옥이란 존재할 수 없다. 반면에 진지하고 일관되게 기쁨을 갈망
하는 영혼은 누구도 결코 그 기쁨을 놓치지 않는다.[5]

하나님은 사람들이 그분을 떠나는 것을 허용하신다. 그들이 정말
한사코 자신을 신으로 여기고 자신의 세상을 스스로 운영하려 한
다면, 바로 그 마음 때문에 그들은 하나님과 분리될 것이다. 이는
마치 교사가 문제 학생을 결국 교실 밖으로 내보내며 이렇게 말하
는 것이나 같다. "좋다, 네가 정 원한다면 나가도 된다."

예수는 늘 사람들을 그분의 나라 안으로 품으려 하셨다. 그분은
사람들을 지옥에 보내려 하신 게 아니라 최대한 많은 사람들을 천
국으로 받아들이려 하셨다. 그것이 하나님의 마음임을 우리는 알
아야 한다. 내가 전에 텍사스에서 함께 사역했던 어느 목사는 이런
말을 했다. "어린아이가 연못에서 돌로 물수제비를 뜨듯이 하나님
도 죄인들이 불의 연못을 무사히 통과하게 하실 것이다." 상상이나
될 법한 말인가? 우리의 이미지들은 그런 식으로 잘못될 수 있다.
개혁가 장 칼뱅(John Calvin, 1509-1564)이 명언을 남겼듯이 하나님
은 우리에게 이런 궁극적 실재를 알리실 때 우리의 상상력과 생각
의 한계 내에서 최선을 다하신다.

그런데 때로 그런 이미지들이 제멋대로 날뛰어 결국 우리는 하
나님에 대한 잘못된 인상을 품게 된다. 특히 구약에 나타난 하나님

의 이미지들을 잘 소화하지 못하는 사람들을 나는 자주 대한다. 내가 그들에게 늘 해주는 말은 단순히 예수께서 하나님에 대해 하신 말씀에 귀를 기울이라는 것이다. 예수는 "나를 본 자는 아버지를 보았거늘"이라고 말씀하셨다(요 14:9). 그야말로 이런 주제를 논할 때 우리를 구원해 주는 생각이요 하나님의 마음이 어디에 있는지 보여주는 말씀이다.

하나님이 노하여 지옥을 만드신 게 **아니다**. 그분은 사람들이 고통당하는 모습을 보시려고 그들을 영원히 고문하며 즐기시는 분이 아니다. 지옥이 존재하는 유일한 이유는 사람들이 원하는 대로 하나님이 주시기 때문이다. 지옥은 하나님이 그런 사람들에게 해주실 수 있는 최선의 조치일 뿐이다.

"그들이 핑계하지 못할지니라"

하나님이 우리에게 공간을 주시므로 우리는 숨을 수 있다. 그분은 우리를 강제로 덮치지 않으신다. 그 결과로 물리적 세계가 존속되는데, 구원받지 못한 사람들이 보기에 존재하는 실재란 그것뿐이다. 하지만 그게 전부가 아니다! 비록 명확하지 않으셔도 하나님은 우리가 피할 수 없는 존재다. 나의 지인인 A. E. 와일더 스미스(A. E. Wilder-Smith) 박사는 『생각하는 사람은 믿을 수밖에 없다』(He Who Thinks Has to Believe)라는 책을 썼다.[6] 물론 우리는 생각하지 않기로 선택할 수 있으나 일단 **생각하면** 하나님을 믿게 되어 있다는 것이다. 여기에 대한 바울의 말을 로마서 1:19-20에서 보라.

이는 하나님을 알 만한 것이 그들 속에 보임이라. 하나님께서 이

를 그들에게 보이셨느니라. 창세로부터 그의 보이지 아니하는 것

들 곧 그의 영원하신 능력과 신성이 그가 만드신 만물에 분명히

보여 알려졌나니 그러므로 그들이 핑계하지 못할지니라.

이 본문을 다음의 요지와 관련해서 잘 보기 바란다. 복음주의 신학과 목회 훈련의 한 전통에서는 신자들과 불신자들이 만날 수 있는 공통분모가 전혀 없다는 취지로 말한다. 일부 주석성경에 보면 창세기 1:1 옆에 "성경은 결코 하나님을 논증하지 않는다"와 같은 주해가 달려 있다. 그런 말들은 바울의 위 본문과 타협점을 찾아야 한다. 시편 19편 등 다른 진술들에도 밝혀져 있듯이 누구도 핑계할 수 없을 정도로 명확하고 강력한 입증 과정이 엄연히 존재한다. 그래서 지금부터 우리는 이 논증을 상세히 설명하여 최대한 명확히 밝혀 보고자 한다.

물리적 세계가 전부일 수 없는 이유

이제 이 문제를 논리적으로 찬찬히 따져 보자. 그러면 논증의 핵심을 명확히 밝힐 수 있다고 믿는다. 우선 로마서 1:20로 다시 돌아간다. 보이지 않는 영원한 하나님을 어떻게 창조세계가 우리에게 보여주는지 지금부터 자세히 설명할 것이다. 창조에 대한 논의에서 핵심은 이것이다. 우리가 살고 있는 세상은 저절로 돌아가는가, 그렇지 않은가? 내가 믿기로는, 능력이 무한한 어떤 인격적 존재를 현 상태의 자연 세계의 원인으로 믿는 것이 단연 가장 합리적이다.

물리적 세계를 둘러보면 제일 먼저 관찰되는 것은 모든 사건—모든 물리적, 자연적 사건—이 그 자체 이외의 다른 무엇에 의존

하고 있다는 사실이다. 모든 사건에는 원인이 있다. 시간이나 공간을 아무리 멀리까지 넓혀서 관찰해도 그렇지 않은 경우는 찾을 수 없다. 물리적 세계를 아무리 온갖 방법으로 설명해도 자체 바깥에 자체보다 먼저 존재한 어떤 부분이 남게 마련이다. 어떤 사건이든 골라 보라. 예컨대 당신이 지금 책을 읽고 있는 것도 하나의 사건이다. 모든 사건의 배후 원인은 이치상 그 사건이 벌어지기 전에 이미 종료되었다. 이 말의 의미를 이해하는 게 중요하다. 당신에게 이 페이지를 읽게 만든 모든 원인은 이미 발생했다는 뜻이다. 그 일련의 원인들은 끝났고 더 이상의 원인은 발생하지 않는다. 우리는 다른 원인의 발생을 기다리고 있지 않다. 이미 완전히 끝났기 때문이다. 완전히 끝나지 않았다면 당신은 이 글을 읽고 있지 않을 것이다.

시공의 연속체에 대한 공상과학소설을 쓴다면 여러 차원을 서로 교차시킬 수 있다. 영화도 현 시점의 사건이 아직 미래의 원인을 기다리고 있는 것처럼 만들 수 있다. 하지만 현실은 픽션(fiction)이 아니다. 현실의 사건이 벌어졌는데 아직 그 원인들의 발생을 기다리고 있다고 말해 보라. 아무도 믿거나 받아들이지 않을 것이다. 그럴 만한 이유가 있다. 그 일련의 원인들은 이미 종료되었으므로 유한하다. 무한히 길지 않다는 뜻이다. 아주 길 수는 있다. 창조의 경우는 분명히 심히 길었을 것이다. "옛 땅"과 "새 땅"에 대한 논쟁도 가능하다. 하지만 아무리 "새 땅"이라도 그것의 일련의 원인들은 아주 길 뿐이며 따라서 **유한하다**. 유한하지 않다면 그 원인들은 말 그대로 무수히 많을 것이며, 따라서 아무 데서나 출발하여 아무리 앞뒤로 멀리 가도 결코 원인들을 다 꼽을 수 없다.

모든 사건의 물리적 원인은 무한할 수 없다

무한히 길게 늘어선 도미노가 있어 뒤쪽의 하나를 쓰러뜨린다면 맨 앞쪽의 것들은 어떻게 될까? 중간에 무한한 수의 도미노가 있음을 잊지 말라. 맨 앞쪽의 것들은 결코 쓰러지지 않는다. 아무리 많은 도미노가 쓰러졌어도 아직 더 쓰러져야 할 게 남아 있기 때문이다. 배후 원인들이 무한하다면 결코 마지막 도미노에 도달할 수 없다. 즉 시리즈의 원인들 중 최초의 것은 반드시 독립적이어야 하며, 따라서 물리적 사건이나 자연적 사물이어서는 안 된다는 뜻이다.

독립적이라는 말은 단순히 자신의 존재를 다른 것에 의존하지 않는다는 뜻이다. 전적으로 스스로 존재하는 어떤 지성 내지 의지라는 뜻이다. 많은 사람들은 "잠깐만, 그런 건 있을 수 없다!"고 말한다. 하지만 그것은 우리가 다른 것에 의존하는 모든 존재들에 그만큼 익숙해져 있기 때문이다. 우리는 물리적인 유한한 것들만 생각하는 데 너무 길들여져 있어 독립적 존재라는 개념 자체가 낯설어 보인다. 성경에 그런 존재가 우리에게 끊임없이 제시되는데도 말이다.

출애굽기 3:14에 모세가 하나님의 이름을 여쭙자 그분은 "나는 스스로 있는 자이니라"고 답하신다. 자신이 이전에도 항상 계셨고 앞으로도 항상 계실 것을 그런 식으로 표현하신 것이다. 요한복음 5:26에 예수도 비슷하게 말씀하신다. 죽은 자들까지 불러내 살리시는 자신의 능력에 대해 그분은 이렇게 가르치신다. "아버지께서 자기 속에 생명이 있음 같이 아들에게도 생명을 주어 그 속에 있게 하셨고." 여기 "자기 속에 생명이 있"다는 말은 독립적 존재라는 뜻이다. 나아가 우리는 삼위일체 하나님이 본질상 하나의 독립적 존재이시며 세 위격이 연합하여 풍성한 사랑을 나누시는 것을 볼 수 있다. 이것이 모든 창조세계의 기초가 되는 인격적 실재다.

도미노의 경우처럼 일련의 물리적 원인들의 시발점이 되는 최초의 원인―도미노를 쓰러뜨린 존재―은 그 자체가 물리적일 수 없다. 그 자체 이외의 다른 무엇에 의존하지 않기 때문이다. 마찬가지로 우리는 다음과 같은 결론에 도달한다. 물리적 세계의 창조는 그 자체 바깥의 뭔가에 의존하며, 원인이 없는 그 **최초의 원인**은 자연과 비교하여 **초자연적**이고 **독립적**이다.

종교철학을 조금 공부했거나 이 문제를 생각해 본 사람들은 알겠지만 위의 결론을 빠져나가려는 방법들이 많이 있으며, 나는 그 모두를 여기에 언급조차 하지 못했다. 가장 무신론적인 반대 입장 중 하나는 내 생각에 J. L. 맥키(Mackie)의 책 『유신론의 기적』(*The Miracle of Theism*)에 나온다.[7] 하지만 이 논증을 어떻게 다루든 오히려 그것이 위의 결론을 아주 잘 예증해 줌을 알게 될 것이다.

그래도 당신은 위의 결론으로 하나님의 존재가 증명된 것은 아니므로 우리가 아무것도 얻은 게 없다고 말하고 싶을 수 있다. 좀더 기다리라. 등장하는 논증을 부분별로 하나씩 취하여 더 깊은 추론으로 들어가야 한다. 하지만 현대의 정황 속에서 논증의 이 부분만도 굉장히 중요함을 알아야 한다. 현대의 무신론 사상을 지배하는 관점은 항상 실재를 자연적 세계로 축소시킨다. 따라서 그것이 불가능하며 뭔가 독립적 존재가 먼저 존재할 수밖에 없음을 입증하는 논증은 일대 도약이며 실제로 현대의 무신론을 약화시킨다. 현대의 무신론은 항상 자연주의적이고 물리주의적이다. 따라서 세상을 그런 식으로 이해할 수 없음을 입증한 것만으로도 상당한 소득이다.

진부한 두 가지 신화: 빅뱅 이론과 우주진화론

여기서 서둘러 덧붙일 것이 하나 있다. 이 독립적 존재의 속성에 대해서는 아직 말한 게 없기 때문이다. 우리가 살고 있는 이 세상의 질서 정연함은 어디서 온 것인가? 우주론적 추론을 하는 사람들은 알겠지만 1980년대에 시작된 일대 논쟁이 있다. 빅뱅 이후에 우주가 획일적인 가상의 입자 덩어리였다면, 우주 안에 어떻게 지금 같은 질서가 생겨날 수 있었는가 하는 문제. 특히 만리장성 같은 수많은 은하들은 이른바 우주 진화의 관점에서는 전혀 불가해 보인다.

우주의 기원에 대한 신화는 크게 두 가지다. 하나는 빅뱅 이론(big bang theory)이고 또 하나는 우주진화론(cosmic evolution theory)이다. 빅뱅 이론이 신화인 까닭은 아무도 빅뱅을 설명하려 하지 않기 때문이다. 빅뱅 자체가 문제로 취급되지 않는다. 신화란 늘 그런 특성이 있다. 작동 중인 뭔가를 설명해야 하는데 아무도 실제의 작동 원리를 모를 때 거기서 신화가 생겨난다.

내가 아는 모든 우주론의 권위자들은 사실 빅뱅이 우주의 기원이 아닌 게 거의 확실하다고 여긴다. 고도로 압축된 물질과 에너지 (정말 어떻게 기술해야 할지 모르기 때문에 다양하게 기술된다)가 폭발했다. **무**(無)가 폭발했다고 말하는 과학자는 없다. 진정한 과학자치고 그럴 사람은 하나도 없다. 무질서에서 질서가 나올 수 있다고 우리를 설득하려 드는 과학자도 엄격히 말해서 없다.

물리적 질료는 본질상 다른 무엇에서 생겨난다. 우리는 그냥 "여기 이 놀라운 물건들이 무에서 생겨났다"고 말하지 않는다. 때로 학생들에게 나는 존재하지 않는 원본의 사본을 나누어 주겠다고 말한다. 그러면 대개 요지가 전달된다.

우주가 무에서 생겨났다는 빅뱅 이론을 믿는 사람들을 상대하게 되거든, 그 일이 어떻게 발생했는지 설명해 주는 공인 학술지나 전문 교과서를 알려 달라고 해보라. 그런 자료를 어디서 구할 수 있는지 물어보라. 이 또한 이 문제를 진지하게 생각해 보도록 사람들을 돕는 한 방법이다.

우주진화론이 신화인 까닭은 무질서에서 질서가 나온다는 주장 때문이다. 그렇게 주장해야만 무신론자들은 독립적 존재가 먼저 존재할 뿐 아니라 그 독립적 존재가 **지식을 갖춘** 위대한 지성이라는 전제를 피해갈 수 있다. 고대로부터 사람들은 "우주의 질서로 보아 분명히 신은 존재한다. 반드시 존재할 수밖에 없다!"고 말했다. 우주진화론이 대안으로 등장한 것은 19세기가 되어서였다. 진화론의 골치 아픈 난점은 질서가 진화로 설명될 수 없다는 점이다. 진화는 항상 질서를 전제할 뿐이다. 진화란 특수하게 구성된 환경속에서 특수한 종류의 존재들에게 발생하는 일이다. 이미 질서가존재하지 않는 한 진화란 불가능하다.

질서는 지성에서 나온다

알다시피 질서의 유일한 출처는 지성이다. 당신을 제외하고 주변에 보이는 거의 모든 것이 인간 지성의 산물이다. 초콜릿 케이크든 우주왕복선이든 컴퓨터든 인간의 지성이 물리적 실재의 질서를 만들어 내는 것을 우리는 늘 경험한다. 물론 지성의 작업 재료가 이미 먼저 존재한다는 것은 입증된 사실이다. 그러나 누구나 알다시피 그 재료가 결과물로 바뀌려면 지성이 그것을 구상하고 만들어야 한다. 이런 경험 때문에 우리는 무질서에서 질서가 나온다는 말을 대개 믿지 않는다.

물리적 세계의 배후에 창의적 지성이 있다. 그 내용을 창세기 1장에서 읽을 수 있다. 로마서 1장에 바울이 한 말도 다시 읽어 보라. "창세로부터 그의 보이지 아니하는 것들 곧 그의 영원하신 능력과 신성이 그가 만드신 만물에 분명히 보여 알려졌나니 그러므로 그들이 핑계하지 못할지니라." 또 히브리서 11:3도 있다. "믿음으로 모든 세계가 하나님의 말씀으로 지어진 줄을 우리가 아나니 보이는 것[창조세계]은 나타난 것으로 말미암아 된 것이 아니니라." 이상의 자료를 바탕으로 우리는 물리적 실재의 최초의 원인 역시 지성임을 믿을 수밖에 없다. 그것도 충분히 큰 지성이어야 한다.

E=mc²을 앞에서 뒤로 풀이하면

에너지와 질량의 상호 관계를 이해하는 것이 신학에서도 기본이다. 우리 인간은 항상 $E=mc^2$[에너지=질량×빛의 속도의 제곱, "질량-에너지 등가 공식"]을 뒤에서 앞으로 풀이한다. 우선 물질의 질량이 있고, 우리는 그것을 에너지로 바꾸어 발전기를 돌리거나 뭔가를 폭파하려 한다. 그러나 반대로 스위스 제네바 근교의 대형강입자충돌기(LHC: Large Hadron Collider)와 같은 입자충돌기들이 실제로 제조되었다. 분자의 속도를 충분히 높여 분자들이 충동할 때 발생하는 에너지로 질량을 생성하기 위한 것이다. 하나님께는 그것이 전혀 어렵지 않다. 그분은 무한한 에너지이시다. 보다시피 나는 그분께 무한한 에너지가 있다고 말하지 않고 **그분 자신**이 무한한 에너지시라고 말했다. 그분의 말씀은 나가서 활동하여 질량을 창조한다. 당신의 몸을 비롯해서 주변에 보이는 모든 질량은 하나님의 활동으로 말미암아 지탱되고 있다.

모든 물리적 실재를 지탱하시는 하나님의 활동을 공부할 때 특히 도움이 되는 네 가지 성경 본문이 있다.

> "그의 능력의 말씀으로 만물을 붙드시며……"(히 1:2-3).
>
> "만물이 그에게서 창조되되 하늘과 땅에서……"(골 1:16-17).
>
> "이 모든 것이 이렇게 풀어지리니……"(벧후 3:10-11).
>
> "우리가 그를 힘입어 살며 기동하며 존재하느니라……"(행 17:28).

우주를 생성시킨 하나님 같은 존재의 필연성을 고백하는 것도 중요하지만, 그 일이 어떻게 이루어졌는지 어느 정도 개념을 정리하는 것도 중요하다. 성경에 그런 내용이 아주 많이 나온다. 예컨대 바울은 골로새서 1:16에 창조에 대해 이렇게 놀랍게 진술한다. "만물이 그에게서 창조되되 하늘과 땅에서 보이는 것들과 보이지 않는 것들과 혹은 왕권들이나 주권들이나 통치자들이나 권세들이나 만물이 다 그로 말미암고." 그의 말은 17절에 이렇게 이어진다. "그가 만물보다 먼저 계시고 만물이 그 안에 함께 섰느니라." 만물이 그분 안에서 함께 지탱되고 있다. 그 반대쪽 끝은 베드로후서 3:10의 종말에 대한 놀라운 진술에 나온다. "주의 날이 도둑 같이 오리니 그날에는 하늘이 큰 소리로 떠나가고 물질이 뜨거운 불에 풀어지고." 여기 **풀어진다**고 번역된 단어 *duromenone*는 해체된다는 뜻이다. 장차 만물이 풀어지고 분해되고 해체될 것이다.

이것을 이해하고 나면 비로소 하나님과 물리적 우주의 관계를 아주 진지하게 대하게 된다. 또 기적 따위의 문제들이 아주 척척 들어맞는다. 예수께서 물로 포도주를 만드신 일(요 2:1-11)은 자신이 지탱하고 계시던 물을 구성하는 질량을 잠깐 조정하신 것뿐이다. 화학자인 내 친구는 그런 일이 있었을 리 없다고 말한다. 그런 변화에 요구되는 열과 에너지 때문에 그곳이 산산이 날아갔으리라는 것이다. 하지만 예수는 그 모두가 어떻게 맞아 드는지 아시는 분이다. 그분은 그런 자잘한 부대 요인들을 취급하실 줄 아신다. 또 그분의 말씀에 반응한 파도는 이미 자기를 지탱하고 계신 분께 순종한 것이다(막 4:35-41).

인격적이고 독립적이신 하나님의 무한한 에너지로부터 그분의 목적대로 물질이 합쳐져 물리적 우주가 창조되었다. 물리적 우주가 그분이 창조하신 전부가 아님을 명심하라. 창세기 1:1에 보면 "하나님이 천지를—곧 하늘들(복수)과 땅을—창조하시니라"고 되어 있다. 그런데 우리는 하늘들을 대충 건너뛰고 땅에 집중한다. 마치 땅이 정말 중요한 전부인 것처럼 말이다. 땅이 창조세계의 지극히 작은 일부임을 잊어서는 안 된다.

괜히 $E=mc^2$을 끄집어내 탁상공론식 과학을 하려는 게 아니다. 다만 이것이 우리에게 있는 최선의 지식이며 또한 성경의 내용과 정말 잘 들어맞음을 밝히는 것뿐이다. 이 방정식을 뒤에서 앞으로만 아니라 앞에서 뒤로도 풀이할 줄 알면 하나님의 활동이 그분의 에너지를 질량으로 변화시킴을 더 잘 이해할 수 있다(창 1장, 히

11:3). 양방향으로 다 성립된다는 것, 그것이 모든 방정식의 매력
이다.

과학과 기술에 개입하시는 하나님

나는 과학으로 인해 하나님을 찬양하며 과학이 그분의 작품이라
믿는다. 당신도 과학의 역사를 안다면 분명히 동의하겠지만 과학
은 하나님에게서 기원했다. 인간은 그저 비틀거리며 그 속을 지나
갈 뿐이다. 관심이 있다면 아서 쾨슬러(Arthur Koestler)의 책 『몽유
병자』(The Sleepwalkers)를 보라.[8] 거기에 현대 과학을 일으킨 위대
한 인물들이 많이 다루어져 있다. 과학과 성경의 "화해"는 중대한
과제다. 하나님의 책임감 있는 자녀가 되어야 할 인류의 사명에 양
쪽 다 매우 근본이 되기 때문이다. 과학적 가설들은 잠정적이지만
성경의 진리는 영원하다. 양쪽이 완전히 화해할 필요는 없으나 어
느 정도의 조화는 필요하다. 둘의 상호 관계를 이해하기란 쉽지 않
다. 나는 하나님이 기술과 과학의 발전이라는 형태로 역사 속에 개
입하심을 진심으로 믿으며, 인류 역사에 개입하심이 우리에게 다
가오시는 그분 계획의 일부임을 믿는다. 내 생각에 천국에도 과학
과 기술이 있을 것이다.

나는 우리 시대에 이루어진 과학의 발전으로 인해 감사한다. 배
우면 배울수록 분명히 창조와 물리적 실재에 대한 성경의 내용이
정말 사실로 더 확인될 테니 말이다. 그런 확신이 있기에 나는 자
꾸만 더 기다려진다. 그것으로 우리의 모든 문제가 풀리지는 않겠
지만 그래도 나는 바울이 로마서 1:19-20에 한 말을 믿는다. "이는
하나님을 알 만한 것이 그들 속에 보임이라. 하나님께서 이를 그들

에게 보이셨느니라. 창세로부터 그의 보이지 아니하는 것들 곧 그의 영원하신 능력과 신성이 그가 만드신 만물에 분명히 보여 알려졌나니 그러므로 그들이 핑계하지 못할지니라." 이는 허블우주망원경의 시대에도 여전히 사실이며 날이 갈수록 더 분명한 사실이 될 것이다.

당신의 삶의 기초가 되는 믿음

우리 자신의 생각과 삶을 아주 깊숙이 들여다보지 않더라도 하나님을 확신할 때와 그렇지 못할 때의 결과를 볼 수 있다. 내가 믿기로 성경에 제시된 진정한 믿음은 항상 지식에 기초하면서도 우리의 모든 지식을 초월하며, 또한 하나님과 그분의 나라를 향한 헌신을 내포한다. 지식과 헌신, 이 두 가지는 서로 배타적인 게 아니라 맞물려 있다. 하나님을 아는 지식이 헌신의 기초가 되지 않으면 그 헌신은 오래갈 수 없다. 그 헌신은 우리 삶을 지배하지 못하고 흔들린다. 마치 앉으려는 사람의 밑에서 의자를 빼내는 것과 같다. 하나님은 우리가 성령의 역사로 말미암아 마음과 생각을 다하여 믿음을 지키기를 원하시는데 그분을 모르면 그게 불가능하다.

믿음과 지식은 본래 서로 붙어 다닌다. 예컨대 위대한 믿음장인 히브리서 11장을 읽어 보면 믿음이 실재를 보는 눈과 동일시된다. 모세는 보이지 않는 분을 보는 것 같이 하여 참았다고 되어 있다. 믿음이란 그저 대상을 사실로 생각하는 것도 아니고 그렇게 믿으려는 바람이나 결심도 아니다. 마르틴 루터(Martin Luther)가 로마서 주해 서문에 말한 것과 같다.

믿음이란 하나님의 은혜에 대한 생생하고 기초가 튼튼한 확신이다. 소신을 굽히느니 차라리 천 번이라도 죽을 만큼 지극한 확신이다. 하나님의 은혜에 대한 이런 확신과 인격적 지식이 있기에 그 사람은 기쁘고 담대하며 하나님과 모든 피조물을 향한 따뜻한 애정으로 충만하다. 이 모두가 믿음을 통한 성령의 역사다. 따라서 그런 사람은 스스럼없이 열정과 자원하는 마음으로 모든 사람에게 선을 행하고, 모든 사람을 섬기고, 온갖 고난을 견딘다. 자신에게 그토록 큰 은혜를 베푸신 하나님을 기쁘시게 하고 영화롭게 하기 위해서다. 이렇듯 믿음과 행위란 결코 분리될 수 없다. 불꽃과 연단(鍊鍛)을 분리할 수 없는 것과 마찬가지다.[9]

그러므로 믿음과 보는 것을 대비할 때는 반드시 늘 수식어를 붙여야 한다. 그래야 어떤 종류의 보는 것을 말하는지 알 수 있다. 지금 우리가 말하는 것은 독립적 존재이신 하나님을 보는 눈이다. 그분이 없으면 온 우주는 그냥 녹아내려 사라져 버린다. 바로 이 지식, 이 믿음, 이 보는 것이야말로 우리 삶의 기초가 되는 반석이다.

5

하나님과 인류의 소통

또 내가 새 하늘과 새 땅을 보니 처음 하늘과 처음 땅이 없어졌고 바다도 다시 있지 않
더라. 또 내가 보매 거룩한 성 새 예루살렘이 하나님께로부터 하늘에서 내려오니 그
준비한 것이 신부가 남편을 위하여 단장한 것 같더라. ― 요한계시록 21:1-2

다시 저주가 없으며 하나님과 그 어린양의 보좌가 그 가운데에 있으리니 그의 종들이
그를 섬기며 그의 얼굴을 볼 터이요 그의 이름도 그들의 이마에 있으리라. 다시 밤이
없겠고 등불과 햇빛이 쓸데없으니 이는 주 하나님이 그들에게 비치심이라. 그들이 세
세토록 왕 노릇하리로다. ― 요한계시록 22:3-5

변증의 주제가 하나님의 존재와 기본 속성을 벗어나면 이제부터 우리의 일은 입증의 문제라기보다—물론 군데군데 그것도 절대적으로 중요하지만—기독교 신앙의 요소들의 "이치를 밝히는" 문제가 된다. 그것이 과연 그러할 수밖에 없음을 보이는 것이다.

이 시점에서 우리가 다루려는 문제는 역사 속에서 선택받은 하나님의 언약 백성에 대해 그리고 성경에 대해 제기되는 의문들이다. 일반 관례대로 하자면 우선 성경이 사실임을 입증한 뒤 모든 반론에 답하는 데서부터 출발해야겠지만 나는 그러지 않을 것이다. 그 이유는 아주 간단하다. 그리스도인다운 변증의 전개가 이 단계에 이르면 사람들에게 뭔가를 증명하려 하기보다(어차피 믿지 않을 사람들에게라면 특히 더) 우리 믿음의 이치를 밝히는 게 더 중요하다. 즉 우리가 밝혀야 할 것은 하나님이 역사 속에서 인류에게 하시려는 일을 설령 우리가 한다 해도, 지금과 같은 성경이 안성맞춤이라는 사실이다. 또 우리가 밝혀야 할 것은 하나님이 인류 역사 속에 이루시려는 일을 설령 우리가 한다 해도, 똑같이 아브라함 같은 개인을 불러 친구로 삼고 그 집안을 온 땅의 빛으로 부를 거라는 사실이다. 이제부터 그 두 가지를 아주 세심히 살펴볼 것이다.

언약 백성에 대한 더 특수한 이슈들로 넘어가면 논의가 다르게 확대되어, 그 전통에서 파생된 하나님의 책과 교회 자체로 이어질 것이다. 우리의 목표를 잊지 말라. 우리의 목표는 성령의 역사와 이성을 통해 회의를 해결하여 우리 삶 속에 임재하시는 하나님—성경에 제시된 하나님—에 대한 확신을 강화하는 것이다. 그러면 사람들이 당신의 삶에 있는 게 무엇이며 당신이 어떻게 이런 사람이 되었는지 묻게 된다. 우리는 그 사람들에게 답을 주어 그들도 동일한 믿음에 이르도록 도와야 한다.

우리의 논리력만으로 사람들을 회심시키거나 삶을 변화시키려는 게 아니다. 하지만 삶의 모든 부분이 그렇듯이 여기서도 우리는 노력을 기울이도록 하나님께 부름받았다. 우리의 노력에 그분이 기름 부으셔서 그 노력의 결과로 우리 힘으로는 불가능한 큰 변화를 보리라는 기대와 믿음을 품어야 한다. 역사하시는 성령의 표지는 항상 노력과 비교할 수 없는 결과로 나타난다. 어김없이 그렇다. 성경을 훑어보거나 그리스도인들의 간증을 들어 보면 매번 그러함을 알 수 있다. 우리가 노력을 기울이면 우리의 노력만으로는 안 되는 훨씬 큰 결과가 나타난다.

우리의 변증으로 돕는 대상이 그리스도인과 비그리스도인 양쪽 다임을 잊지 말라. 다른 사람들만 아니라 우리 자신도 거기에 포함된다. 우리에게 듣지 않는 약이라면 다른 사람들에게도 효과가 없겠기 때문이다. 우리는 사람들이 확실한 믿음의 자리에 이르도록 우리의 이성으로 그들을 돕는다. 그 자리에 이르면 성경의 하나님에 대한 그들의 확신은 그들이 딛고 서 있는 땅바닥만큼이나 실재가 된다. 그것이 믿음이다. 그런 믿음이 평안과 소망과 순종을 낳는다. 우리를 하나님 나라의 실재와 연결시켜 주기 때문이다.

지금까지 우리는 하나님의 실재에 대한 기본 논증들을 훑어보았다. 무한하고 독립적인 인격적 존재가 반드시 있어야 하며 그런 존재가 없이는 물리적 세계도 존재할 수 없음을 논리적으로 입증했다. 또 하나님이 명확하지 않으신 이유도 살펴보았다. 그분은 세상이 저절로 돌아가는 것처럼 보이게 놓아두시지만, 깊이 파 보면 무엇이 세상을 돌아가게 하며 어떻게 세상이 존재할 수 있는지 알게 된다.

이제 우리는 거기서 나아가 그 존재가 어떻게 이 세상과 관계하는지 알아보려 한다. 하나님과 인간의 관계를 창조자와 창조물의 관계로 보는 유비를 계속 이어 갈 것이다. 또 그 비교로부터 몇 가지 다른 진리도 도출해야 한다. 다시 말해서 한 지성이 자신의 창조물을 어떻게 대하는지 더 자세히 고찰할 필요가 있다. 이 추론의 원리를 알려면 우리가 기독교 신앙을 이해하기 위해 살펴보는 증거를 세 가지 차원으로 구분해야 한다. 그중 첫 번째는 역사의 차원이다.

창조의 과정

우리는 지난 역사 속에서 이 땅의 인류에게 실제로 무슨 일이 있었는지 잘 살펴보아야 한다. 이 과정에 따라와야 할 질문이 있다. 인류를 향한 하나님의 관심이 지금도 계속된다고 생각할 만한 근거는 무엇인가? 답을 얻으려면 다시 창조의 행위와 뭔가를 창조한다는 개념 자체로 돌아가야 한다.

당신은 자신이 창조하는 것들에 대해 대체로 어떤 기분이 드는가? 당신이 만들어 준 피넛버터 샌드위치를 상대가 바닥에 놓고 밟는다면 당신의 기분이 어떻겠는가? 보다시피 우리는 자신의 창조물에 계속 관심을 갖는다. 어떤 종류의 창조물이든 마찬가지다. 심지어 일을 망친 경우에도 그것에 대한 우리의 관심은 계속되며, 작품에 대해 부끄러움을 느끼는 것도 그래서일 수 있다. 우리는 자신이 만든 것에 그냥 무관심하지 않다.

창조자와 창조물의 관계는 매번 지속되는 법이다. 당신과 피넛버터 샌드위치도 그렇고 하나님과 그분의 세상도 그렇다. 창조의 과정에서 창조물 속에 우리 자신의 일부가 들어가기 때문이다. 피넛버터 샌드위치야 어렵지 않게 만들 수 있지만 거기에도 당신의 선택과 생각과 에너지가 투입된 것만은 분명하다. 그래서 당신은 샌드위치의 결말에 무관심하지 않다. 그 샌드위치에 벌어지는 일은 진정으로 당신에게 중요하다. "이런 걸 중요시하다니 나도 참 실없지!"라고 말한다 해도 여전히 중요하다.

창조자와 창조물, 인간 지성과 그 발명품의 유비에서 보듯이 하나님은 지금도 자신의 피조물에 관심을 두신다. 그리고 인간 안에 있는 하나님의 형상의 근본 요소는 곧 창조 활동이다. 누구를 막론하고 뭔가를 창조하는 사람에게서 그것을 볼 수 있다. 창세기 1장으로 돌아가 보면 이야기가 "우리의 형상을 따라⋯⋯사람을 만들고"에서 "그들로⋯⋯다스리게 하자"로 곧장 넘어간다(26절).

하나님은 우리를 창조하시고 활동의 자체 동력원으로 몸을 주셨다. 당신의 몸은 자체 동력원이다. 몸은 하나님이 우리 각자에게 주셔서 자유로이 사용하고 개발하게 하신 소형 "발전기"다. 하나님은 우리 몸을 만드실 때 그 몸으로 그분께 반항할 수도 있도록 하섰다. 우리의 창조 역량과 또 우리 자신이 만든 것들을 대하는 방식을 보면, 하나님과 그분의 피조물 사이에 존재하는 구조가 우리와 우리의 창조물 사이에도 똑같이 존재한다. 우리도 선을 위해 창조하고 그분도 선을 위해 창조하신다는 뜻이다.

물론 이것은 유추적 논증이므로 본래 연역적으로 타당한 논증은 아니다. 연역적으로 타당한 논증이란 전제가 사실이면 결론도 절대적으로 사실이어야만 하는 논증이다. 반면에 유추적 논증은 합리적으로 수용할 만한 기준에 더 가깝다. 예컨대 로스앤젤레스 시내의 고층 건물들은 대개 인구통계상의 유추 논리에 따라 설계되고 건설되었다. 따라서 연역적으로 타당한 논증은 아니다. 비슷한 입장에서 비슷한 상황을 가정하는 식의 논증일 뿐이다. 그러므로 이런 논증은 그에 맞는 기준으로 평가되어야 한다.[1] 즉 유추적 논증을 평가할 때는 비교가 얼마나 탄탄한가를 보아야 한다.

분명히 위의 유비에는 일정한 상이점도 있다. 예컨대 하나님은 물질을 무에서 창조하셨으나 우리는 결코 그럴 수 없다. 우리가 무에서 피넛버터 샌드위치를 만드는 일은 없다. 빵과 피넛버터가 있어야 한다. 그럼에도 창조의 과정 자체를 보면 창조적 지성이 자신의 창작품을 계속 소중히 여긴다는 결론이 가능하다. 창조자의 지성과 성품이 선할수록 특히 더 그렇다.

물론 우리는 악한 일을 할 때도 있다. 하지만 그럴 때조차도 우리의 주관적 입장에서 보면 뭔가 "좋은" 목적이 있다. 잘못된 가치임을 깨닫지 못할 때조차도 우리는 뭔가 가치 있는 일을 추구한다. 하나님은 선을 위해 창조하시고 뭔가 좋은 것을 만드신다. 그래서 그분은 계속 그것에 관심을 두시고, 계속 그것과 협력하시고, 계속 그것을 돌보신다. 모든 창조 활동에 그런 구조가 들어 있다.

　그러므로 이런 논리의 흐름을 통해 우리가 최대한 명확히 부각시키려는 첫 번째 진리는 인류 역사와 그 속의 개개인의 삶에 선한 목적이 있다는 것이다. 그 목적이란 바로 무조건적 사랑과 이해와 자유가 있는 영광스러운 승리의 공동체를 만들고 가꾸는 일이다. 하나님은 계속 피조물과 교류하여 선을 이루어 내신다.

이미 입증된 사실 위에 그 다음을 세워야 한다

여기서 논증의 이전 단계들을 명심해야 한다. 변증에서 자주 범하는 실수 중 하나는 진행 과정에서 순서를 놓치는 것이다. 그러므로 이 단계에서 염두에 두어야 할 것은 우리가 지금 신의 존재를 입증하려는 게 아니라는 점이다. 또 우리는 인격적 하나님의 존재를 입증하려는 것도 아니다. 그거라면 이미 입증되었다. 이제 우리의 질문은 이것이다. 그런 하나님이 존재하신다는 전제하에 인류 역사를 어떻게 이해할 것인가? 그 점을 늘 명심해야 한다. 이 순서를 잘 지키지 않으면 변증의 많은 이슈들이 당신을 무너뜨리고 말 것이다.

　예컨대 변증의 가장 큰 문제 중 하나는 악의 존재다. 왜 세상에 악과 고난이 존재하는가? 많은 사람들이 하나님이 이미 존재하신다는 아무런 증거도 없이 이 문제에 접근하기 때문에 결국 그 문제를 다룰 능력이 전무하다. 이 난제를 소화할 수 있을 만큼 충분히 큰 세계관이 없기 때문이다. 하나님의 존재라는 이슈가 이미 먼저 다루어졌어야 한다. 그래야 악과 같은 심각한 이슈에 부딪칠 때 "하나님은 존재하시는가?"를 묻지 않고 "하나님이 존재하신다는 전제하에 세상에 존재하는 악을 어떻게 이해할 것인가?"를 물을 수 있다.

인류 역사를 생각할 때도 마찬가지다. 늘 중요하게 기억할 것은 역사를 마치 처음 보듯 대하며 "이게 무엇이냐?"고 물어서는 안 된다는 것이다. 우리는 무한하고 독립적인 인격적 존재가 인류 역사를 창조하셨음을 이미 입증했다. 그런 관점에서 보면 이해의 관건은 인류 역사에 선한 목적이 있음을 깨닫는 일이다.

이것을 좀 더 자세히 살펴보자. 인류 역사에는 정말 선한 목적이 있다. 나는 왜 그렇게 말할 수밖에 없는가? 다시 돌아가서 우리의 **이성**을 구사해 보자.

1. 인류 역사는 그것의 창조자인 인격적 하나님의 산물이다.

2. 창조자들은 선을 위해 창조한다.

3. 인류 역사는 창조되었다.

그러므로 인류 역사는 선을 위해 창조되었다.

변증하면서 배우는 것 중 하나는 이런 식의 논증을 최대한 명료하게 정식으로 진술해 보는 일이다. 그러면 이슈를 깊이 파고들 수 있다. 위에 열거한 전제들에 대해 의문이 들거든 그것을 종이에 써놓고 어느 정도 납득될 때까지 씨름해 보라. 이 전제들이 창조자 하나님과 모든 창조자 사이의 유비에서 나온 것임을 잊지 말라.

인류 역사를 향한 하나님의 선한 목적

이제 인류 역사를 볼 때 우리의 질문은 이것이다. 인류 역사를 향한 선한 목적은 무엇인가? 그런데 이 질문을 생각할 때 사람들을 괴롭히는 문제 중 하나는 "하나님이 선하신지 어떻게 아는가?"이다. 하나님이 선하심을 내가 어떻게 아는지 아주 간단히 말해 보겠다. 그분이 선하지 않고 악하다면 세상은 지금보다 훨씬 나빠졌을 것이다. 그래서 나는 그분이 악할 수 없다고 확신한다. 세상이 얼마나 나빠질 수 있는지 생각해 보라. 세상이 하나의 거대한 강제수용소라면 어떻겠는가? 악의 문제는 다음 장에 더 자세히 다루겠지만 여기서 내 요지는 하나님이 선하시며 악을 대적하신다는 것이다.

성경의 관점에서 보면 하나님은 늘 악을 경계하시고 세상의 악과 싸우신다. 그런 진술이 성경 도처에 수없이 반복된다. 예컨대 창세기 6장에 보면 홍수 이전에 하나님이 이렇게 말씀하신다. "나의 영이 사람과 늘 싸우지 아니하리니 이는 그들이 육신이 됨이라. 그러나 그들의 날은 백이십 년이 되리라"(3절, KJV). 여기에 그려진 하나님은 인류의 마음속에 있는 악과 싸우시며 그 악을 억제하시는 분이다. 사실 이 본문에서 하나님은 그분께 반항할 수 있는 기간을 줄이려고 일부러 인간의 수명을 단축시키신 듯 보인다. 이렇듯 하나님의 영은 늘 인간의 생명 속에 임재하신다.

잠시 욥을 생각해 보라. 욥은 이런 주제와 관련하여 생각해 볼 흥미로운 인물이다. 그가 언약 백성의 일원이 아니기 때문이다. 욥은 유대인이 아니지만 하나님은 그를 울타리로 두르셨다. 욥을 예외로 생각할 게 아니라 규범으로 생각하기 바란다. 하나님은 그분을 구하는 모든 사람을 울타리로 둘러 악이 닥치지 못하게 막아 주신다. 알다시피 예레미야는 예레미야애가 3:22에 "여호와의 인자" 때문에 "우리가 진멸되지 아니"한다고 고백했다.

"오 신실하신 주"라는 옛 찬송이 있다. 당신도 아마 후렴구를 알

것이다.

> 오 신실하신 주
> 오 신실하신 주
> 날마다 자비를
> 베푸시며.[2]

그냥 듣기 좋은 말인가? 성경과 찬송의 많은 부분이 더 이상 우리에게 아무런 의미가 없는 듣기 좋은 말들로 변해 버렸다. 성경에 악을 물리치시는 하나님이 아주 많이 나온다. 그것을 놓쳐서는 안 된다.

데살로니가후서 2:6-8에 바울은 데살로니가 교인들에게 적그리스도가 올 것에 대해 말한다. 그는 적그리스도가 아직 오지 않는 이유가 악을 막으시는 분이 아직 옮겨지지 않았기 때문이라고 했다. 때가 되면 악을 막으시는 분이 옮겨질 것이다. 또 바울이 갈라디아서에 말했듯이 성령과 육체는 늘 서로 대적한다(5:17). 요한계시록 12:12에 보면 사탄이 하늘에서 패한 뒤에 땅과 바다로 내던져진다. 사탄에게 막강한 힘과 권력이 주어질 때 어떤 일이 벌어질지도 언급되어 있다. 본문에 있듯이 그는 자기의 때가 얼마 남지 않아 노하고 겁을 먹는다.

주기도문에 "우리를 시험에 들게 하지 마옵시고 다만 악에서 구하시옵소서"라는 가르침이 나온다. 이것이 무슨 뜻이겠는가? 악에서 보호해 달라고 하나님께 늘 구해야 한다는 뜻이다. 우리는 전쟁터에 있다. 선한 군대와 악한 군대 사이에 끼어 있는 셈이다. 하지만 사탄은 하나님을 어떻게 할 수 없다. 그분은 너무도 크신 분이다. 사탄의 활동 반경은 제한되어 있어 하나님을 공격하려면 그분의 피조물에게 악을 행하는 수밖에 없다.

이런 말을 하는 이유는 악이 엄연한 현실이기 때문이다. 우리는 그 점을 알아야 한다. 하나님이 악을 대적하시며 우리를 보호할 대책을 마련해 두셨다는 점도 알아야 한다. 예수는 마태복음 18:10에 어린아이들을 실족하게 해서는 안 된다고 경고하시면서 "그들의 천사들이 하늘에서 하늘에 계신 내 아버지의 얼굴을 항상 뵈옵느니라"고 말씀하신다. 그들의 천사들이다. 예수는 어린아이들을 무척 아끼신다. 어쩌면 아이들이 장성하여 나처럼 늙고 못생겨지면 천사들이 그들을 떠날지도 모른다. 그럴 것 같은가? 나는 천사들이 그대로 남아 있다고 믿는다. 하나님은 악을 물리치신다. 그분은 악을 짓지 않으셨으며 오히려 대적하신다. 우리는 인류 역사의 현장에 있으며 바로 그 속에서 하나님의 **선한** 목적이 이루어져야 한다.

바울이 그 목적을 어떻게 진술하는지 잠시 살펴보자. 에베소서에 그 싸움과 지금 불순종의 아들들 가운데서 역사하는 영이 언급된다.

> 긍휼이 풍성하신 하나님이 우리를 사랑하신 그 큰 사랑을 인하여 허물로 죽은 우리를 그리스도와 함께 살리셨고 (너희는 은혜로 구원을 받은 것이라) 또 함께 일으키사 그리스도 예수 안에서 함께 하늘에 앉히시니 이는 그리스도 예수 안에서 우리에게 자비하심으로써 그 은혜의 지극히 풍성함을 오는 여러 세대에 나

타내려 하심이라(2:4-7).

바로 이것이 인류 역사의 핵심이다! (여담이지만 사람들에게 인류 역
사에 대한 각자의 관점을 묻는다면 거창한 대화가 많이 나올 것이다. 상
대가 마침 무신론자라면 특히 더하다.) 7절에 나오는 바울의 진술을
다시 보라. "이는 그리스도 예수 안에서 우리에게 자비하심으로써
그 은혜의 지극히 풍성함을 오는 여러 세대에 나타내려 하심이라."
보다시피 우리는 그분의 은혜와 자비를 "오는 여러 세대에" 증언할
그분의 "전시품"이다. 에베소서 3:10에도 다시 나온다.

> 이는 이제 교회로 말미암아 하늘에 있는 통치자들과 권세들에
>
> 게 하나님의 각종 지혜를 알게 하려 하심이니.

결국 알게 해야 할 것은 하나님이 인류 역사를 통해 이루실 결과물
이다. 그것이 말라기 3:17에는 그분의 "특별한 소유"라 표현되어
있다[KJV].
　하나님이 인류 역사를 통해 이루실 결과물 곧 그분의 백성은 그
분 자신의 영광과 지혜와 사랑의 가장 아름다운 반사체다. 그것이
인류 역사의 핵심이다. 즉 구속받은 자들의 공동체를 만들어 창조
세계의 가장 찬란한 보석으로 삼는 것이다. 인류 역사에 벌어진 모
든 끔찍한 일과 인간의 지독한 악을 볼 때면 우리는 인류 역사가
없었더라면 무엇이 잃어졌을지 기억해야 한다. 다름 아닌 창조세
계의 가장 찬란한 보석, 곧 그리스도를 닮은 백성이 잃어졌을 것이
다. 그들은 삼위일체 하나님처럼 서로 사랑하면서 함께 살고, 또

충만하시고 서로 나누시는 독립적 존재이신 하나님 자신을 즐거워한다. 그리고 하나님은 그 사람들 가운데 거하신다.

이것을 정확히 그대로 대변하기란 꽤 어렵다. 하지만 그것이 우리가 부름받은 사명임을 잊어서는 안 된다. 교회 전체의 사명도 그것이다. 우리는 그런 사람들을 모아서 연합시키고 섬기며, 다른 사람들도 불러들여 하나님의 이 위대한 공동체의 일원이 되게 한다. 이것만이 하나님이 자신의 충만하신 영광과 선하심과 위대하심을 표현하실 수 있는 길임을 우리는 믿어야 한다. 당신도 그 일에 동참하는 일원이다. 그래서 이제 어떤 사람이 당신에게 다가와 "당신은 고생 중에도 왜 이렇게 행복한가? 일이 틀어질 때도 왜 이렇게 행복한가? 당신 내면의 그 힘은 어디서 오는가? 당신 안에서 생명이 사람들에게 흘러 나가고 당신의 말이 그들의 삶을 변화시키는 까닭은 무엇인가?"라고 물으면, 하나님이 당신과 당신의 교제 공동체를 통해 인류 역사 속에 현존하시기 때문이라고 답할 수 있다. 그 사람에게 "창조, 실재, 인간의 삶, 인류 역사란 본래 이런 것이다"라고 말해 줄 수 있다.

그 밖에도 당신이 해야 할 일이 많겠지만 답의 골자는 그것이다. 그 점을 결코 잊어서는 안 된다. 천사들도 이것을 모르는 것 같다. 베드로전서 1:12에 베드로는 구속과 복음을 말하면서 "천사들도 살펴보기를 원하는 것"이라 했다. 때가 되면 그들도 최종 결과를 보며 이렇게 말할 것이다. "아, 바로 이거였구나! 그래서 그분은 그들을 창조하셨구나! 그래서 죄를 지을 수도 있는 환경 속에 그들을 살게 두셨구나. 그래서 오랜 세월 친히 언약 백성 속에 사시다가 결국 아들을 보내 바로 그 언약 백성에게 버림받게 하셨고, 이를 통해 구속받은 자들의 더 큰 공동체를 이루셨구나." 그때 천사들은 하나님의 위대하심과 선하심을 더 풍성히 알게 될 것이다.

당신이 하나님이고 인류 역사 속에 이 일을 이루려 한다면 어떤 식으로 하겠는가? 그냥 사람들의 뇌를 조종해서는 이룰 수 없는 일임을 잊지 말라. 예수는 당대에 자신을 비난하는 사람들에게 "하나님이 능히 이 돌들로도 아브라함의 자손이 되게 하시리라"고 말씀하셨다(마 3:9). 하지만 하나님은 그렇게 하지 않으셨다. 왜 그분은 방금 전에 우리가 말한 그런 공동체를 그냥 곧장 만들지 않으셨을까? 역사 속에서 지금처럼 하셔야만 그분께 자발적으로 응답하는 사랑의 공동체를 만드실 수 있기 때문이다. 그들은 그분의 소유가 되기로 선택하고, 그분을 만날 때까지 부지런히 그분을 구하며, 그분 안에서 충만한 생명을 얻는다. 여기 로봇이나 기계는 없다. 그리스도를 닮은 성품을 자원하여 계발한 사람들뿐이다. 즉 구속받은 백성이다.

하나님의 친구

그래서 하나님은 인류 역사 속에 들어오실 때 한 사람을 찾으셨다. 그렇다고 다른 모든 사람이 그분의 영향을 받지 않았다는 말은 아니지만, 그분은 이런 구체적인 목적을 이루러 오실 때 아브라함이라는 특정한 한 사람을 택하셨다. 아브라함과 하나님의 관계를 성경은 "친구"라는 단어로 표현한다. 아브라함은 하나님의 친구였다. 이 관계에 대해 함께 몇 구절을 찾아보자. 그 후에 아브라함에 대한 다른 성경 구절들도 당신 스스로 찾아보고 성경 전체에서 이 우정을 추적해 보기 바란다.

여호사밧은 나라에 위기가 닥쳤을 때 이스라엘 백성을 위해 이렇게 기도했다. "우리 하나님이시여, 전에 이 땅 거민을 주의 백성이스라엘 앞에서 쫓아내시고 그 땅으로 주의 **벗** 아브라함의 자손에게 영영히 주지 아니하셨나이까"(대하 20:7, 개역한글). 이사야도 41:8에 같은 단어를 썼다. "그러나 나의 종 너 이스라엘아, 내가 택한 야곱아, 나의 **벗** 아브라함의 자손아." 이어 42:5-7에 아브라함의 소명을 이렇게 설명했다.

> 하늘을 창조하여 펴시고 땅과 그 소산을 내시며 땅 위의 백성에게 호흡을 주시며 땅에 행하는 자에게 영을 주시는 하나님 여호와께서 이같이 말씀하시되 나 여호와가 의로 너를 불렀은즉 내가 네 손을 잡아 너를 보호하며 너를 세워 백성의 언약과 이방의 빛이 되게 하리니 네가 눈먼 자들의 눈을 밝히며 갇힌 자를 감옥에서 이끌어 내며 흑암에 앉은 자를 감방에서 나오게 하리라.

보다시피 하나님은 "하늘을 창조"하시고 "땅[을]……내시"는 분으로 표현된다. 성경에서 늘 하나님은 무엇보다 먼저 창조주로 소개된다. 두 번째로 그분은 아브라함과 언약을 맺으신 분으로 표현된다. "내가……너를 세워 백성의 언약과 이방의 빛이 되게 하리니." 기본 개념은 하나님이 인류에게 다가오실 때 인류 역사를 향한 목적상 한 개인에게 오셔서 그를 친구로 삼으셨다는 것이다. 그 개인의 집안을 통해 그분은 한 백성과 한 문화를 창조하셨다.

유대 문화의 독특성

잠시 유대인이라는 민족을 생각해 볼 필요가 있다. 지구상에 유대인 같은 민족은 없다. 현재까지 수천 년 동안 그들이 존재할 수 있었던 이유는 오직 하나님 덕분이며, 하나님이 역사 속에서 율법을 통해 그들에게 주신 진리 때문이다. 그 내용이 하나의 책 속에 종합되어 있다. 우리는 구약을 통해 하나님께서 인류에게 반복적으로 행하신 최상의 일들을 알게 된다. 구약을 이해하고 나면 신약은 자연스러운 결과일 뿐이다.

시편 23편을 다른 모든 종교의 문헌과 비교해 보라. 그것이 결코 날조된 것일 수 없음을 알게 된다. 날조되었다고 보기에는 너무 이상한 시다. 종교의 기원에 대한 철학자 데이비드 흄(David Hume)이나 심리학자 지그문트 프로이트(Sigmund Freud) 같은 사람들의 온갖 이론을 보면 구약의 내용—그 정점이 시편 23편에 표현되어 있다—은 무엇으로도 설명되지 않는다. 아무런 설명도 찾을 수 없다. 반면에 불교와 힌두교의 문헌을 읽어 보라. 말만 하지 말고 **읽어** 보라. 많은 사람들이 다른 종교의 내용을 한두 구절, 한두 본문, 한두 설교만 읽고는 거기에 그 종교가 충분히 대변되어 있다고 단정한다. 아니다. 전체를 다 **읽고 나서** 구약과 비교해 보라. 유대교의 계시와 가르침의 기원은 자연적 원리로는 도저히 설명이 안 된다.

동물 제사

유대 문화의 역사에는 사람들에게 선뜻 이해가 되지 않는 부분들이 있다. 특히 동물 제사라는 섬뜩한 의식이 그렇다. 하나님은 특정한 제사들을 왜, 어떻게 드려야 하는지 아주 꼼꼼한 지침을 주신다. 우리 문화가 동물의 권리를 지지하고 "본 영화의 제작 과정에서 어떤 동물도 피해를 입지 않았습니다"라는 공표를 환영하다 보니 우리로서는 그런 지침을 읽기가 꽤 고역스러울 수 있다. 이스라엘의 집집마다 제사를 드려야 했던 연례 절기들 외에도 성경에는 수백 마리의 동물을 잡아 번제로 드린 사례들이 기록되어 있다. 이것이 선하신 사랑의 하나님에 대해 우리에게 보여주는 바는 무엇인가?

여기서 우리는 사람들을 그들의 자리에서 만나 주시는 하나님을 볼 수 있다. 그분은 자신이 소통하시려는 백성에게 기꺼이 양보하시며, 그들이 처한 현실의 정황 속에서 그들을 구속하신다. 고대 세계의 문화는 여러모로 난폭하여 동물 제사가 업무 수행의 일상적 절차였다. 상대와 계약할 때 그저 악수하고 점선 위에 서명한 게 아니다. 당시에는 상대측과 언약을 "쪼갰다." 즉 동물을 반으로 쪼개 놓고 양측이 함께 그 사이를 걸어서 지나갔다. 한마디로 "이 계약을 어기는 사람은 이 동물처럼 될지어다"라는 뜻이었다. 그래서 하나님은 사람들이 잘 알고 있던 제사를 이용하셨다. 하나님은 고자세로 우리에게 완벽한 모습을 요구하신 후에야 우리를 상대해 주시는 분이 아니다. 그분은 기꺼이 우리를 우리의 자리에서 만나 주시며, 이는 우리를 구속하시는 그분의 사업에 아주 긴요한 부분이다.

동물의 희생은 최초의 인간들이 죄를 짓던 때부터 시작되었다. 그들은 더 이상 하나님을 신뢰하지 않아 벌거벗은 몸이 드러났고, 그래서 몸을 가리는 데 동물의 가죽이 희생되어야 했다(창 3:21). 그전에는 옷이 필요 없었다. 왜 필요 없었는지는 성경에 나오지 않지만 내 생각에는 그들이 빛을 발했기 때문이다. 전구를 보면 빛이 너무 환해서 전구 자체는 보이지 않는다. 아담과 하와도 빛을 발했으므로 벗었는지 여부가 식별되지 않았고 따라서 옷이 필요 없었다. 지금은 죄 때문에 우리의 전력이 아주 약해졌지만, 장차 그리스도 안에서 온전하게 되면 다시 빛을 발하리라 믿는다. 간혹 사람들이 평소보다 약간 더 빛을 발할 때가 있다. 예컨대 사랑에 빠졌다든지 처음으로 할머니나 할아버지가 되었을 때 그렇다. 흔히들 "얼굴에서 빛이 난다"고 표현한다. 고압 전력이 흘러나오는 것이다. 우리도 하나님과 접속되면 그런 전력이 흘러나온다. 빛은 에너지의 한 발현이기 때문이다.

또 하나 우리가 흔히 간과하는 사실이 있다. 하나님이 동물 제사에 대한 지침을 주시던 당시에는 성직자와 지식인의 계층이 없었다. 제사 제도의 기능은 농사를 짓지 않을 한 계층의 사람들(제사장들)에게 생계 수단을 마련해 주는 것이었다. 그런 제도가 수립되지 않았다면 언어도, 우리가 알고 있는 성경도, 유대 역사도 발전하지 못했을 것이다. 또 때가 되어 베들레헴이라는 작은 고을이 등장하고 예수께서 이 세상에 아기로 오셔서 인간으로 장성하여 지금처럼 영향을 미치시는 일도 없었을 것이다. 요컨대 동물 제사는 하나님이 사람들을 그들의 자리에서 만나 주시는 방편이자 또한 인류 역사 속에서 일하여 세상을 향한 자신의 목적을 이루시는 방편이었다.

문화 속에서 일하시는 하나님

하나님이 이스라엘 백성을 이집트에서 인도해 내셨을 때 그들은 사회경제적으로 가장 밑바닥 계층이었다. 그 문화에서 인간의 생명은 기본적으로 무가치했고 개인은 보호받을 특별한 존재가 못되었다. 그래서 구약에 집단 책임의 관습이 나온다. 한 사람이 악을 저지르면 그의 온 집안을 죽이고 그의 집을 거름 더미로 만드는 것이 문화적 규범이었다.

여호수아 7장에 나오는 아간의 이야기가 아주 좋은 예다. 1절에 보면 아간(한 사람)이 여리고 전투 후에 "온전히 바친 물건을 가졌음"으로 인해 "여호와께서 이스라엘 자손들(온 나라)에게 진노"하셨다. 여리고 성의 점령에 대한 하나님의 지침에는 "온전히 바치고 그 바친 것 중에서 어떤 것이든지 취하여 너희가 이스라엘 진영으로 바치는 것이 되게 하여 고통을 당하게 되지 아니하도록 오직 너희는 그 바친 물건에 손대지 말라"는 내용이 포함되어 있었다 (6:18). 아간이 저지른 일을 아무도 몰랐는데, 여호수아가 다음 전투에 파병한 군인들이 쉽게 이겼어야 할 아이 성의 싸움에서 패하고 말았다. 여호수아가 이 일로 주께 나아가자 그분은 이렇게 응답하셨다.

> 일어나라. 어찌하여 이렇게 엎드렸느냐. 이스라엘이 범죄하여 내가 그들에게 명령한 나의 언약을 어겼으며 또한 그들이 온전히 바친 물건을 가져가고 도둑질하며 속이고 그것을 그들의 물건들 가운데에 두었느니라. 그러므로 이스라엘 자손들이 그들의 원수 앞에 능히 맞서지 못하고 그 앞에서 돌아섰나니 이는 그들도 온전히 바친 것이 됨이라. 그 온전히 바친 물건을 너희 중에서 멸하지 아니하면 내가 다시는 너희와 함께 있지 아니하

리라(7:10-12).

그래서 제비를 뽑은 결과 아간이 바빌론의 외투 한 벌과 은 2.3킬로그램과 금덩이 하나를 취하여 자신의 천막 밑에 감추었음이 밝혀졌다. 이 죄에 대한 벌로 아간과 그의 온 집안은 아골 골짜기로 끌려가 **전원** 돌에 맞아 죽은 뒤 모든 재산과 함께 불살라졌다. 이것이 성경에 나오다 보니 우리는 그 벌을 하나님이 명하셨다고 자동으로 생각한다. 하지만 그것은 당시의 알려진 세상 전반의 문화적 규범이었다. 훗날 하나님은 집단 책임을 선한 일로 승인하실 수 없음을 밝히셨지만, 처음부터 당장 끼어들어 관습을 뜯어고치지는 않으셨다. 개개인은 물론 인간의 역사에도 발달 과정이라는 게 있기 때문이다.

하나님이 역사를 통해 일하심은 사람들이 그분께 접근해도 소멸되지 않게 하시기 위해서다. 그분은 일단 사람들을 그들의 자리에서 만나 주신 뒤에 더 나은 자리로 인도하신다. 우리는 아직 거기에 완전히 도달하지 못했고, 그래서 지금도 배우고 발전하고 성장하는 중이다. 그것이 이른바 진보주의의 좋은 측면이다. 하지만 보수주의도 있어야 한다. 진보주의는 기존의 선(善)을 보수(保守)하면서 더 발전시켜야지 그냥 저버려서는 안 된다. 하나님은 그런 식으로 시간의 흐름 속에서 사람을—집단만 아니라 개인까지도—빚어 오셨다. 그러다 결국 "때가 차매" 그리스도께서 오셨다(갈 4:4). 왜 그분이 이스라엘 백성의 출애굽 직후에 또는 직접 아브라함에게 오지 않으셨는지 궁금해하는 사람들이 많다. 답은 하나님이 인류 역사의 전체 과정을 통해 일하셔서, 그분을 자발적으로 선택하고 선을 위해 살며 그분만을 신뢰하는 백성을 빚고 계시기 때문이다.

성경은 완벽한가?

언약 백성을 빚으시는 과정에서 하나님은 또한 그들에게 책을 하나 주셨다. 그때나 지금이나 이 책은 그 백성의 정체성의 핵을 이룬다. 다만 지금은 그 백성이 기독교 교회로, 곧 믿음으로 아브라함의 자손이 된 사람들로 바뀌었다. 이스라엘 백성의 경우와 마찬가지로 교회의 증언도 모두가 받아들이는 것은 아니다. 교회의 증언은 완벽하지도 않다. 물론 흠 많은 인간들의 증언이 완벽할 리가 없다. 하지만 성경 자체는 어떤가? 성경은 완벽한가?

나는 하나님이 주신 성경의 원본은 절대적으로 완벽했다고 믿는다. 하지만 아무리 보수적인 학자일지라도 특정 언어의 특정 역본을 가리키며 "저 성경은 무오하다"고 말할 사람은 내가 알기로 없다. 원본이 완벽했다고 믿는 이유는 하나님이라면 의당 그런 식으로 하실 분이기 때문이다. 하지만 나를 비롯하여 현재 살아 있는 사람치고 원본을 본 사람은 아무도 없다. 솔직히 나는 원본이 존재하지 않아 다행이다. 특정인들의 수중에 원본이 있다고 상상해 보라. 얼마나 야단법석이 벌어지겠는가!

그 완벽한 책이 우리 중 누구에게도 없음을 모두가 고백해야 한다. 아무에게도 없다. 왜 그럴까? 하나님이 최선을 다하셨으나 지키지 못하신 것일까? 영화 「레이더스: 잃어버린 성궤를 찾아서」 (Raiders of the Lost Ark)의 이야기와 비슷할까? 하나님의 손에서 온 원본을 소유한 사람이 있다면 어떻게 될지 상상해 본 적이 있는가?

오늘날에도 하나님의 백성은 완벽하지 못하다. 당신의 목사도 완벽하지 못할 것이다! 이 말에 대한 당신의 즉각적 반응 속에 우리의 현주소가 다분히 드러날 것이다. 요컨대 하나님은 인류에게 다가오실 때 남녀 인간들이 그분을 구해야만 하도록 상황을 설정하신다. 성경을 몇 군데 살펴보자.

우선 신명기 4장으로 시작한다. 유대 민족에게 장차 벌어질 일을 예언한 내용인데 이 신기한 민족은 지금도 용케 존재한다.

> 여호와께서 너희를 여러 민족 중에 흩으실 것이요 여호와께서
> 너희를 쫓아 보내실 그 여러 민족 중에 너희의 남은 수가 많지
> 못할 것이며 너희는 거기서 사람의 손으로 만든 바 보지도 못하
> 며 듣지도 못하며 먹지도 못하며 냄새도 맡지 못하는 목석의 신
> 들을 섬기리라. 그러나 네가 거기서 네 하나님 여호와를 찾게
> 되리니 만일 마음을 다하고 뜻을 다하여 그를 찾으면 만나리라
> (27-29절).

예레미야 50:4의 유명한 말씀도 기억할 것이다.

> 여호와의 말씀이니라. 그날 그때에 이스라엘 자손이 돌아오며
> 유다 자손도 함께 돌아오되 그들이 울면서 그 길을 가며 그의
> 하나님 여호와께 구할 것이며.

하나님이 인류에게 그런 식으로 다가오시기에 우리는 그분을 외면하여 숨을 수도 있고 그분을 구할 수도 있다(신 4:29, 대하 15:15, 렘 29:13-14, 마 6:33, 행 17:27). 하나님을 구한다는 내용의 말씀을

성구 사전에서 모두 찾아 읽어 보라.

성경적 그리스도인이란 성경을 중시하는 사람이 아니라 **성경이 말하는 삶**을 구하고 알고 살아가는 사람임을 잊지 말라. 예수 시대의 유대인들은 성경에 대한 자신들의 지식과 견해를 자랑으로 알았다. 그런데 요한복음 5:39-40에 예수는 그들에게 이렇게 말씀하신다.

너희가 성경에서 영생을 얻는 줄 생각하고 성경을 연구하거니와 이 성경이 곧 내게 대하여 증언하는 것이니라. 그러나 너희가 영생을 얻기 위하여 내게 오기를 원하지 아니하는도다.

베드로후서 3:15-16의 말씀도 들어 보라.

우리가 사랑하는 형제 바울도 그 받은 지혜대로 너희에게 이같이 썼고 또 그 모든 편지에도 이런 일에 관하여 말하였으되 그 중에 알기 어려운 것이 더러 있으니 무식한 자들과 굳세지 못한 자들이 다른 성경과 같이 그것도 억지로 풀다가 스스로 멸망에 이르느니라.

사람들이 성경을 가지고 주로 하는 일 중 하나는 성경을 억지로 푸는(왜곡하는) 것이다. 하지만 보다시피 그것은 "스스로 멸망에 이르"는 길이다. 성경이 당신을 죽일 수도 있다.

성경은 우리에게 주어진 하나님의 말씀을 객관적으로 증언하는 역사적 문서다. 성경은 당신에게 주어진 하나님의 계시를 담아낸 신빙성 있는 기록물이다. 『메시지』(The Message) 역으로 읽든 히브리어나 헬라어 원어로 읽든 마찬가지다. 당신은 성경을 왜곡하여 자신의 영혼을 멸망에 이르게 할 수 있다. 설령 하나님이 친히 한 치의 오류도 없도록 조치하신 완벽한 원본을 당신 앞에 내놓으신다 해도 당신은 여전히 그것으로 자신을 죽일 수 있다. 사실 그럴 소지가 높다. 필시 당신은 신전을 짓고 그 안에 원본을 안전하게 보관하면서 그것을 숭배할 테니 말이다. 그래서 원본이 존재하지 않는 것이다.

고대 세계에 대한 현존하는 기록물 중 가장 잘 입증된 것이 성경이다. 역사적 증거의 규범적 기준들로 보더라도 성경의 신빙성은 역사적으로나 과학적으로나 확증된다. 현재 우리가 판별할 수 있는 모든 면에서 그렇다. 하지만 그 사실이 당신에게 **구원**을 가져다주지는 못한다. 당신이 성경 앞에 나아와 "영생의 양식을 나에게도 풍족히 나누어 주옵소서"[3]라고 아뢸 때 하나님은 손을 내밀어 영혼을 만져 주시고, 인류 역사를 통한 그분의 구속 활동이라는 큰 목적과 실재 속으로 당신을 들여 놓으신다. 성경의 속성이나 하나님의 백성에 대해 의문이 든다면 그것이 무엇이든 정직하게 접근하면 된다. 당신은 마음을 열고 진리를 구할 수 있고, 소속된 교제권 안에서 질문과 답을 나눌 수 있다. 하나님은 이성을 통해 우리를 진리 가운데로 인도하시며 무엇보다 성령의 감화로 그 이성을 지도하신다.

성경의 신빙성은 이미 아주 철저히 고찰된 주제이지만 더 세부적인 연구도 가능하다. F. F. 브루스(Bruce) 같은 사람들의 훌륭한 학식도 책으로 많이 나와 있어 세부 사항까지 사람들에게 정말 도움을 준다.[4] 그러나 내 생각에 변증의 진짜 쟁점은 세부가 아니라 다음과 같은 큰 줄기들이다. 전제와 결론은 각각 무엇인가? 진짜 의문은 무엇인가? 잘 납득되지 않는 부분은 어디이며 어떻게 이해할 것인가?

이 부분에 정말 관심이 있는 사람은 R. C. 스프라울(Sproul)과 존 거스트너(John Gerstner)와 아서 린즐레이(Arthur Lindsley)의 『정통 변증』(Classical Apologetics)을 보면 좋다.[5] 그 책의 8장과 9장에 아주 탁월하고 설득력 있게 논증되어 있듯이, 하나님의 감동은 둘째 치고 사료(史料)의 공인된 기준들로만 보더라도 성경은 분명히 신빙성 있는 역사적 기록물이다. 신빙성 있는 역사적 기록물이라면 기적의 행위 등을 통해 특히 인간과 하나님의 실제 관계를 기록했다는 뜻이며, 그런 내용은 성경 자체가 하나님의 감동으로 된 말씀임을 증언해 준다.

이렇게 기적의 행위와 하나님의 감동을 결부시키는 게 꺼림칙할 수도 있다. 예수도 마태복음 7:21-23에 친히 그런 말씀을 하셨다. 『정통 변증』은 기적을 행하는 자들을 하나님의 감동에 대한 증언과 연결시키지만 나는 그럴 **필요**가 없다고 본다. 내 생각에는 그냥 이렇게만 전개해도 된다. 성경책은 신빙성 있는 역사적 기록물인데 그 안에 성경 자체가 하나님의 책으로 증언되어 있다. 이것은 어떤 사람들의 다음과 같은 순환 논리가 아니다. "우리가 성경이 진리임을 아는 이유는 성경 스스로 진리라고 말하기 때문이다." 그보다 우리는 이렇게 말한다. 우리가 성경이 진리임을 아는 이유는 사료의 표준 척도에 비추어 그렇게 확증되었기 때문이다.

성경의 신빙성의 문제는 부활과 매우 비슷하다. 즉 접근할 때 회의가 있더라도 세부 사항에 충실하기만 하면 대부분의 사람들이 결국 믿게 된다. 세부 사항에 압도적 증거가 담겨 있기 때문이다. 그런 식으로 접근하면 순환 논리에 빠지지 않는다. 출발점이 신빙성 있는 역사적 기록물의 증언이기 때문이다. 성경이 역사적 신빙성을 인정받은 근거는 단지 성경의 자체적 진술에 있지 않다. 물론 그 신빙성 있는 역사적 기록물에 성경 자체에 대한 주장도 들어 있지만, 그 기록물이 역사적 신빙성이 있으므로 그 진술도 똑같이 신빙성이 있고, 그 진술이 신빙성이 있으므로 우리는 그것이 하나님의 감동으로 된 것임을 안다. 이 논증은 본래 독자적인 게 아니라 내 생각에 다음 사실과 짝을 이루도록 되어 있다. 즉 누구든지 **하나님을 찾을 목적으로** 성경에 접근하면 정말 그분을 만나게 되고, 하나님이 성경을 통해 그 사람에게 말씀하신다.

성경이 하나님의 감동으로 된 말씀이라고 믿는 것만으로는 아무도 구원받지 못한다. 그 자체로는 사람을 구원할 수 없다. 물론 좋은 영향은 있겠지만 거기까지다. 구원의 말씀인 복음이 성경이나 다른 출처를 통해 와서 마음속에 믿음을 일으켜야 한다. 그래야 그리스도를 우리 삶 속에 모셔 위로부터 새 생명을 받을 수 있고, 인류 역사 속에 전개되는 하나님의 목표에 온전히 동참할 수 있다.

6

고통과 악의 문제

나의 말이 곧 기록되었으면,
책에 씌어졌으면,
철필과 납으로 영원히
돌에 새겨졌으면 좋겠노라.
내가 알기에는 나의 대속자가 살아 계시니
마침내 그가 땅 위에 서실 것이라.
내 가죽이 벗김을 당한 뒤에도
내가 육체 밖에서 하나님을 보리라.
내가 그를 보리니 내 눈으로 그를 보기를
낯선 사람처럼 하지 않을 것이라.
내 마음이 초조하구나. ─욥기 19:23-27

어떤 사람들은 세상에 존재하는 고통을 기독교 신앙에 대한 비장의 치명타로 여긴다. 놀랄 일이 아니다. 심신의 병으로 고통에 휩싸이면 웬만한 사람들은 여간해서 우주가 선하시고 능하신 하나님의 나라로 생각되지 않는다. 차라리 자기처럼 소중하고 훌륭한 존재를 가혹하게 대하는 이 미련한 세상을 저주하는 편이 더 쉽다.

기독교를 논박하는 이 "치명적" 논증은 이런 식으로 전개된다.

1. 기독교가 진리라면 하나님은 인류에게 선할 뿐 아니라 능력이 무한한 존재다.
2. 하나님이 인류에게 선하고 능력이 무한하다면 우리가 고통당하지 않도록 조치할 것이다.
3. 하나님은 우리가 고통당하지 않도록 조치하지 않는다.
그러므로 기독교는 거짓이다. 고통의 존재가 입증해 주듯이 하나님은 선하지 않거나 능력이 없기 때문이다.

이 논증에 개입된 이슈들을 전부 다 평가하려면 깨알 같은 글씨의 책이 몇 권쯤 필요할 것이다. 여기서는 이 논증을 평가하는 데 꼭

필요한 핵심 요점들만 다루려 한다. 그러면 거기서 제기되는 의문들에도 답할 수 있다.[1]

공식적으로 타당한 논증

잠시 함께 철학을 공부해 보자. 어떤 논증이든 거기에 접근할 때는 그것이 공식적으로 타당한 논증인지부터 따져야 한다. 위에 제시된 논증은 공식적으로 타당하다. 이 말은 단순히 이 논증의 진술 방식으로 보아 세 가지 전제가 참이면 결론도 반드시 참이어야 한다는 뜻이다. 전제를 모두 긍정해 놓고 결론을 부정하면 자체모순이 된다.[2]

논증이 공식적으로 타당하므로 결론이 부정될 수 있는 길은 전제 중 하나나 전부의 오류를 증명하는 수밖에 없다. 하지만 설령 이 논증이 공식적으로 타당하지 않더라도 위의 전제들에 진실성이 결여되어 있음을 짚고 넘어갈 필요가 있다. 궁지에서 벗어나기 위해서가 아니라 이 전제들이 너무도 명백히 오류이기 때문이다. 가장 반박의 여지가 큰 것은 전제 2이지만 순서대로 전제 1부터 시작한다.

하나님의 선하심과 능력

전제 1에 따르면 기독교에서 말하는 하나님은 인류에게 선하고 능력이 무한하다. 선함과 능력 중 한쪽을 부인할 수 있을까? 물론 우리는 하나님이 인류에게 선하시다는 진술을 부인할 마음이 전혀 없다. 그거야말로 기독교 복음의 정수이기 때문이다. 여기서 중요하게 지적할 것은 하나님의 사랑이 감정이 아니라 대상의 유익 내지 복을 위한 매우 이성적인 헌신이라는 점이다. 우리는 지독히도 사랑을 이해하지 못하는데 이는 사랑을 욕망과 혼동하기 때문이다. 욕망과 사랑은 전혀 다르다. 욕망은 사랑이 아닐 뿐더러 대개 사랑을 **방해한다**. 올바른 행동이 곧 사랑의 행위이며 이는 어느 쪽의 욕망과도 무관하다.

뒷부분인 하나님의 무한한 능력으로 가면 사정이 조금 달라진다. 우리는 그것을 절대적 확신을 가지고 단언할 수 없으며 그 이유는 아주 간단하다. 온전히 이해할 수도 없는 것을 참으로 확언할 수는 없기 때문이다. 내 생각에 무한이라는 개념은 그것을 다룰 수단을 갖춘 수학자들에게 맡기는 게 좋다. (개인적으로 나는 하나님의 능력이 무한하다고 믿는다. 다만 그것을 증명할 공식을 모른다.)

그렇다고 하나님의 능력이 무한하지 않다는 말은 아니다. 단언컨대 하나님은 항상 자신의 뜻을 능히 이루시고, 자신의 일을 감당하시기에 충분하며, 그 일의 일부로 인류를 돌보신다. 당연히 이것은 이 논증의 두 번째 전제에 대한 평가로 이어진다. 전제 2에 따르면 하나님이 인류에게 선하고 자신의 뜻을 수행할 능력이 있다면 우리가 고통당하지 않도록 조치할 것이다.

이 논증의 성패는 전제 2에 달려 있다. 이 전제가 참이라면 지금 검토 중인 논증은 타당한 정도를 넘어 많은 그리스도인들에게 그 확실성을 인정받을 것이다. 그러나 이 전제가 참이 아니라면 논증 전체도 부실해진다. 전제를 받아들일 수 없으니 당연히 결론도 받아들일 필요가 없어진다.

이 문제를 생각하는 한 방법으로 이런 질문을 해보면 좋다. 도대체 무슨 근거로 사람들은 선하고 전능한 하나님이라면 인간에게 고통을 허락하지 않을 것이라고 믿는 것인가? 군이 멀리까지 가지 않아도 답이 나온다. 내가 만일 종류 여하를 막론하고 고통이야말로 내게 벌어질 수 있는 최악의 일이라고 확신한다 하자. 그러면 나는 누구든지 나를 사랑하고—내가 잘되기를 진정으로 바라고—고통을 막을 능력도 있다면 실제로 내 고통을 막아 주리라고 당연히 믿을 것이다. 그런데 그 능력 있는 친구가 내 고통을 막아 주지 않는다면 나는 상대가 무능하거나 내 친구가 아니거나 양쪽 다라고 생각할 것이다.

전제 2의 기초가 무엇인지 잘 보라. 그 기초는 인간에게 벌어질 수 있는 최악의 일이 고통이라는 개념이다. 올더스 헉슬리(Aldous Huxley)는 『멋진 신세계』(*Brave New World*)의 한 등장인물을 통해 그것을 "문명인은 심히 불쾌한 일을 전혀 견딜 필요가 없다"고 표현했다.[3] 바로 이것이 이 논증의 핵심이다. 고통에 좋은 결과가 없다고 진지하게 주장할 수 있을까? 어떤 것들보다는 차라리 고통이 더 낫지 않을까? 고통이야말로 궁극의 악일까? 지금부터 이 세 가지 질문을 역순으로 살펴보고자 한다.

고통과 악은 구분된다

첫째로, 고통은 정말 궁극의 악일까? 고통 자체는 전혀 악하지 않다. 그냥 우리가 싫어할 뿐이다. 하지만 내가 데친 양배추를 싫어한다고 해서 양배추 자체에 문제가 있는 것은 전혀 아니다. 나는 어떤 사람들의 용모를 싫어하고 분명히 그들도 나의 용모가 싫겠지만, 그렇다고 둘 중 어느 쪽이 도덕적으로 잘못되었다는 뜻은 아니다. 마찬가지로 내가 고통을 싫어한다고 해서 고통이 나쁘거나 악한 것은 전혀 아니다. 자신이 싫어하는 것을 무조건 나쁘거나 악하게 여기는 사람은 그만큼 도덕적으로 눈이 멀어 있다는 증거일 뿐이다. 요컨대 고통이나 고난 자체는 악이 아니며 궁극적 악은 더더욱 아니다.

둘째로, 어떤 것들보다는 차라리 고통이 더 낫지 않을까? 그렇다. 좋은 예를 세 가지만 들어 보자. 사람들은 죽음보다 차라리 고통스러운 삶을 원한다. 죽음 자체에 대해 전혀 거리낌이 없더라도 그렇다. 삶의 형편이 어떠할지라도 단순히 사람들은 고통의 모면보다 삶을 더 귀히 여긴다. 또 어떤 사람들은 정치적, 도덕적, 종교적 소신 따위를 저버리느니 차라리 온갖 고통의 세월을 감수한다. 그리고 우정이 무엇인지 정말 아는 사람들은 친구를 잃지 않을 수만 있다면 어떤 고통도 마다하지 않는다. 고통이 전혀 없는 삶이 어떤 것인지 안다면 우리는 아마 고통 없는 삶보다 고통이 있는 삶을 택할 것이다.

고통의 가치

거기서 세 번째이자 마지막 질문이 나온다. 고통이 과연 좋은 결과를 낳을 수 있을까? 물론이다! 우선 첫째로, 고통은 인간의 삶을 가능하게 한다.[4] 이상해 보일지 모르지만 대부분의 사람들은 아무리 살기가 고달파도 삶이란 좋은 것이라고 생각한다. 나는 제러미 벤담(Jeremy Bentham)이 『도덕과 입법의 원리 서설』(*Introduction to the Principles of Morals and Legislation*)의 첫머리에 한 말이 상당히 일리가 있다고 본다.

자연은 인류를 두 절대군주 아래에 두었으니, 곧 고통과 쾌락이다. 오직 그 둘이 우리가 꼭 해야 할 일을 지적해 줄 뿐 아니라 우리에게 일을 정하여 시킨다. 옳고 그름의 기준이나 사안의 인과관계도 그 둘의 권좌에 묶여 있다. 고통과 쾌락은 우리의 모든 행동과 말과 사고를 지배한다. 우리가 아무리 그 종속에서 벗어나려 애써도 오히려 종속이 더 입증되고 확인될 뿐이다. 인간은 말로는 고통과 쾌락의 제국을 등지는 척할 수 있으나 실제로는 평생 거기에 지배당한다.[5]

한마디로 쾌락과 고통은 각각 긍정적 극점과 부정적 극점이며, 인생의 강물은 그 둘 사이로 흐른다. 두 극점 중 하나를 없애면 삶도 끝난다. 고통 없는 세상을 원하는 사람들은 자기가 무엇을 구하는지 정말 모른다.

고통이 유익을 낳는 두 번째 방식은 이것이다. 인간의 진정한 성품은 오직 정신적, 신체적 고통과 고난의 불 속에서만 벼려진다. 위험에 맞서지 않고는 용기를, 시련이 없이는 인내를, 머리와 가슴을 괴롭히는 난제가 없이는 지혜를, 고생이 없이는 지구력을, 유혹이 없이는 절제와 정직을 기를 수 없다. 우리가 가장 소중히 여기는 인간상은 바로 그런 요소들로 이루어진다. 이런 덕목들이 당신에게 하나도 없어도 좋겠는지 자문해 보라. 그렇지 않다고 답했거든 그것을 얻는 수단을 우습게 여기지 말라. 인간의 성품이라는 금은 고통의 광산에서 채굴되지만 오물과 찌꺼기는 쉽게 얻을 수 있다. 우리 시대가 어떻게든 고통을 피하는 데 혈안이 되어 있다 보니 이런 덕목들이 부재를 통해서만 똑똑히 드러나는 것도 놀랄 일은 아니다.

그렇다고 성품을 계발하기 위해 고통을 자초해야 한다는 말은 아니다. 그것은 전혀 불필요한 일이다. 우리는 다만 정직하고 신중한 노력을 통해 무엇이 옳고 그르며 선하고 악한지 분별한 뒤, 그 부분에 확신에 서거든 어떤 삶이 닥쳐오든지 그대로 나가서 직면하면 된다. 어차피 성품을 계발할 기회는 얼마든지 많이 있다. 하지만 불쾌한 상황을 회피해서는 결코 성품을 계발할 수 없다. 공부를 회피해서는 지적 역량을 기를 수 없고 운동을 회피해서는 최상의 복근을 만들 수 없는 것과 마찬가지다.

이 논증을 거부함

세상에 고통이 존재하므로 기독교가 거짓이라는 논증을 나는 거부하는데, 보다시피 그 근거는 선하고 능한 하나님이 세상사를 지배한다면 사람들에게 고통을 허락하지 않을 것이라는 전제 2의 오류 때문이다. 하나님이 사람들에게 고통을 허락하시는 이유는 바로 그분이 선하시기 때문이다. 그 사실을 알기에 위의 전제는 분명히 틀렸다. 그분이 허락하시는 고통은 우리의 유익을 위한 것이다. 하나님이 인류 역사라는 화폭에 제목을 붙이신다면 "그리하여 모두가 즐겁게 지냈다"는 아닐 것이다. 전제 2가 참이라는 주장은 하나님이 줏대 없는 쾌남아가 되어 무조건 우리의 모든 변덕과 공상을 채워 주고 모든 고통을 없애 줄 때에만 선하다는 말이나 같다.

흔히들 하나님이 인간에게 당연히 낙원을 베풀어야 한다고 생각하지만, 나는 그런 통념을 뒷받침할 만한 증거가 무엇인지 아무리 심사숙고해도 찾을 수 없다. 자신이 낙원의 삶을 누릴 **자격**이 있는지 자문해 보는 사람은 거의 없다. 그냥 그것을 원할 뿐이다. 그러다 원하는 것을 얻지 못하면 사람들은 모욕감을 느낀다. 사실 고난의 많은 부분과 어쩌면 대부분은 인간이 자초한다. 예컨대 현재의 과학은 지구 상에 널리 퍼진 심각한 물리적 고통을 다분히 없앨 수 있는 지식을 갖추고 있다. 그런데 왜 이런 상황이 계속 방치되고 있는가? 단순한 사실을 말하자면 인간이 교양 있든 세련되지 않든 여러 모습으로 악해서, 꼭 필요한 구제를 성사시키지 않기 때문이다. 그러면서 사람들은 자신들의 고집스러운 악의 결과를 하나님 탓으로 돌린다.

모든 악은 하나님의 책임인가?

여기서 우리는 아주 중요한 지점에 도달한다. 어떤 사람들은 인류의 행동의 책임을 모조리 하나님께 돌리려 한다. 하나님이 인간을 지으실 때 잘못을 범할 능력을 주셨고 그들이 그 능력을 구사하리라는 사실까지도 아셨다는 것이다. 따라서 그들의 말대로라면 세상의 모든 악은 하나님의 책임이다.

이런 원리로 인간의 잘못을 하나님의 책임으로 돌린다면 이는 자녀의 잘못을 부모의 책임으로 돌리는 것과 같다. 이 점에서 두 경우는 정확히 똑같다. 하나님께 생명을 받은 인간의 잘못이 그분의 책임이라면, 여태까지 당신이 했던 모든 거짓말과 잘못된 행동은 당신 부모의 책임이다. 부모가 조금이라도 지각이 있다면 당신이 장차 거짓말하고 평범한 실수를 범하고 간혹 고의로 나쁜 짓도 하리라는 사실을 알았을 것이다. 그것을 뻔히 알면서도 그들은 당신을 낳기로 결정했다. 그러니 다음번에 시험에 낙제하거든 정작 낙제점을 받을 사람은 당신의 부모라고 교수에게 말해 주라. 부모가 당신에게 생명을 주었고 시험에 낙제할 능력도 거기에 따라왔으니 말이다.

이렇게 자신의 행동을 하나님의 책임으로 돌리려는 사람들은 결국 자유의지를 포기하는 셈이다. 여기서 주목할 것은 자신의 행동에 대한 책임을 버린 뒤에 어떤 부류의 동물이 되겠다는 건지 그들에게 뾰족한 대안이 없다는 것이다. 그들은 **책임**을 버리면 **자유**와 덕의 역량도 함께 버려진다는 사실을 간과한다. 비난이 싫다는 사람은 칭찬도 받을 수 없다. 속담에도 있듯이 이런 사람들은 빈대를 잡으려다 초가삼간을 다 태운다.

물론 이는 하나님에 대한 이 특정한 비판을 논하기에는 약간 실없는 방법이다. 하지만 세상에 존재하는 악에 관련된 의문들은 매우 심각하게 취급되어야 한다. 이거야말로 단연 기독교 신앙의 가장 시급한 실제적 문제다. 이런 이슈들을 추상적으로—하나님의 도덕적 목적과 무관하게 그분의 전능하심에만 치중하여—다루지 않도록 조심해야 한다. 그렇지 않으면 "불가능이 없는 하나님"이라든가 로봇들만 사는 우주 따위의 역설로 빠지게 된다. 이런 이슈들을 처리할 때는 현실을 정확히 직시하는 가운데 신중을 기해야 하며, 세상에 존재하는 고통을 다룰 때와 똑같은 방법을 써야 한다. 곧 보겠지만 이 논증도 거의 똑같은 식으로 시작된다.

하나님이 선하시다면

고대로부터 전형적 논증은 "하나님이 능하고 선하다면 당연히" 이 아이를 죽지 않게 하시리라는 것이다(당면한 상황에 따라 내용이 달라진다). 이는 기독교적 하나님의 존재 자체를 반박하는 입장의 유일한 논증이다. 고통의 경우처럼 많은 사람들의 주장은 하나님이 온전히 선하면서 동시에 전능하다면 세상에 벌어지는 악한 일들을 아예 허용하지 않으리라는 것이다. 이 딜레마 앞에서 우리는 자칫 하나님이 선하지 않거나 능력이 없다는 가장 치명적인 생각에 빠지기 쉽다. 악이 존재한다면 우리는 그 둘 중 하나를 버릴 수밖에 없지 않겠는가?

여기에 제대로 대처하려면 하나님이 인간사의 영역에 날마다 어느 정도나 관여하시는지 이해할 필요가 있다. 세상의 모든 일을 하나님이 다 하시는가? 오늘 아침에 당신의 토스트에 버터를 바르고, 아이들을 학교에 데려다주고, 수표를 끊어 청구서를 지불한 것도 그분이신가? 물론 아니다! 인간도 행동하고 자연도 어느 정도 작용한다. 이 모두를 함께 고려해야 한다. 그러므로 우리가 생각해야 할 질문은 이것이다. 하나님이 지으신 세상에는 **자유의지와 자연법**이 있어 하나님 나라와 악의 가능성이 공존하는데, 이것은 그분이 잘하신 일인가?

우리는 세상의 많은 일들이 사실은 없어야 한다는 데 동의하되, 그런 일들의 존재를 허용하는 전체 틀이 하나님 쪽의 오류라고 주장하지 않을 수는 없을까? 여기서 우리의 논의는 다시 인류 역사를 향한 하나님의 목적으로 돌아간다. 그분의 목적은 살아 있는 집—자발적이고 의식적인 생명체들의 공동체—을 자신을 위하여 지으시는 것이다. 하나님이 이 일을 이루실 수 있는 더 좋은 방법이 있는가?

악의 가능성이 존재하는 세상에 선의 가능성도 가장 크게 존재한다. 하나님이 왜 악을 허용하시는가라는 질문은 악이 발생할 수 없는 세상이 어떤 곳이겠는가라는 질문과 대비되어야 한다. 이런 질문들과 씨름할 때 비로소 사람들의 사고는 악의 실재와 의미에 대해 어떤 해결점에 이를 수 있다.

"완벽한 세상에서"

하나님이 인류와 세상을 만드신 방식에 대한 또 다른 비판을 생각해 보자. 이번에는 하나님이 하신 것이 아니라 하지 않은 것에 대한 비판이다. 즉 그분이 인류를 지으실 때 잘못을 범할 여지를 허용하신 게 문제가 아니라, 인류를 완전히 선한 존재로 지어 악이 존재할 수 없는 완전히 선한 환경 속에 두지 않으신 게 문제라는 것이다. 이런 주장에 우리는 어떻게 반응할 것인가?

완전히 선한 사람들이 사는 완전히 선한 세상을 만들지 않았다고 하나님을 비난하는 사람들은 내가 보기에 늘 도덕적 선에 관심이 있는 것은 아니다. 많은 경우에 그들의 말은 자신들이 원하는 것을 항상 얻을 수 있는 세상, 자신들이 좋아하는 부류의 사람들이 사는 세상을 하나님이 지었어야 한다는 뜻일 뿐이다. 세상이 돌아가는 방식에 대한 주변의 모든 불만은 오마르 카이얌(Omar Khayyám)의 『루바이야트』(Rubáiyát)에 아주 절묘하게 표현된 한 주제의 다양한 변이에 지나지 않는다.

아! 사랑이여, 그대와 내가 천사와 힘을 합해
변변찮은 우주 체계 움켜쥘 수 있다면야
그 체계를 온통 산산조각 부숴서

이 마음에 꼭 들도록 다시 고쳐 만들련만!⁶

우리 인간은 자신이 원하는 것을 결코 얻지 못한다. 그런데 그것을 간절히 바란다! 너무도 간절한 나머지 하나님이 이 세상을 우리의 특수한 필요를 염두에 두고 만들었어야 한다고 주저 없이 결론짓는다.

하나님은 왜 내 방식대로 하지 않으시는가?

하나님이 완전히 선한 세상과 완전히 선한 사람들을 지었어야 한다고 결론짓는 사람들은 멈추어 세 가지를 생각해야 한다. 첫째로, 우리는 하나님이 선한 세상을 만들지 않았다고 그분을 비난하지만 그 "선한" 세상이 지금의 세상보다 우리에게 더 잘 맞으리라는 아무런 증거가 없다. 그저 남의 떡이 커 보이는 또 하나의 경우일 수 있다. 게다가 지금의 이 삶이 좋다고 믿는 사람들이 많다는 사실로 미루어 볼 때, 이 세상이 잘못된 게 아니라 진짜 문제는 세상을 회피하기에 급급한 사람들의 내면에 있을 수 있다.

둘째로, 하나님이 지금의 삶을 실제로 좋게 여기는 대다수 사람들의 입맛에 맞추시기보다 이 세상을 싫어하는 사람들의 입맛에 맞추어 그들의 마음에 드는 세상을 주셔야 할 이유가 무엇인가? 하나님이 모든 사람에게 일일이 맞추려면 수많은 세상을 따로따로 만들어 한 세상에 한 사람씩만 살게 하셔야 할 것이다. 하지만 그러면 모두가 외로워질 테니 아무도 좋아하지 않을 것이다.

셋째로, 하나님이 우리 각자의 입맛에 맞추어야 한다는 명제는 전혀 자명하지 않다. 하나님이 세상을 이러이러하게 지었어야 한다는 사람들의 주장은 사실 이런 말에 지나지 않는다. "하나님은 내가 바라는 대로 해야지 그렇지 않으면 아주 나쁜 친구다. 나는 구슬을 거두어 집으로 갈 것이다."

"악"이 없이는 "선"도 없다

설령 하나님이 완전히 "선한" 환경을 창조하여 완전히 "선한" 사람들을 그 안에 두셨다 해도 그들은 자신이나 그 세상을 선하다고, 자신의 행동을 옳다고, 자신의 삶을 즐겁다고 인식할 수 없다. 이것은 다 상관적 개념이므로 반대편 짝이 부재하면 의미를 잃는다. 그런 세상은 그 안에 있는 사람들에게 선하지 않고 그들 자신도 선하지 않다. 더 정확히 말해서 그들이 선하다는 표현은 무의미하다. "선"이라는 개념은 선과 악이 공존하는 세상에만 적용되기 때문이다. 완전히 선한 세상에는 도덕적 삶이 전혀 없으며, 따라서 본연의 의미의 인간도 있을 수 없다. 그런 세상에 살라는 말은 인간이기를 포기하라는 말과 같다.

성품의 계발

깊이 생각해 보면 알겠지만 인간에게 선택권을 주고 좋고 나쁜 성품을 계발할 가능성을 부여하는 환경은 굉장한 가치가 있다. 자녀에게 "선택을 잘하라"고 말할 때 우리는 그냥 자녀가 하루 동안 용케 말썽을 피우지 않기를 바라는가, 아니면 "좋은 선택"이 몸에 배어 자녀가 자연스럽게 옳은 일을 하는 사람으로 성장하기를 바라는가? 도덕적 성품의 계발을 허용하는 세상이 그렇지 않은 세상보다 훨씬 가치가 크다. 그런 세상에서는 사람들이 무한히 소중하고 심지어 영광스러운 존재가 될 수 있으며, 때때로 실제로 그렇게 된다.

테러리스트의 공격 같은 끔찍한 일을 볼 때면 식물과 광물만 있는 세상이 훨씬 낫겠다는 생각이 들 수도 있다. 하지만 조금만 생각해 보면 알듯이 그러면 당신의 삶에서 가치 있는 것들도 거의 모두 사라진다. 악만 없어지는 게 아니라 선도 다 없어진다. 선에 대한 책임과 더불어 악을 허용하는 세상이 식물과 광물만 있거나 아무것도 없는 세상보다 훨씬 소중하고 바람직한 이유는 인간의 삶에서 선의 가치가 그만큼 크기 때문이다. 심지어 고통이 따를지라도 그렇다.

인격과 성품의 가치가 지극히 크지 않다면, 하나님이 그것을 얻으려고 실제로 고난과 악을 허용하심은 분명히 잘못일 것이다. 하지만 도덕적 인격의 계발은 진정한 자유의 세상에서만 가능하다. 이것을 자녀 양육에 대입해 보자. 자녀를 막아 해로운 일을 일체 하지 못하게 만드는 게 더 좋아 보일 수 있으나 알다시피 그러면 당신은 자녀의 삶을 망친다. **자녀가 직접** 선택하고 직접 배우고 직접 성장해야 한다.

하나님 자신은 결코 극악한 범죄를 인정하거나 실현하거나 요구하지 않으시지만 온전한 도덕성을 길러 주시려면 그런 범죄를 허용하셔야 한다. (적절한 세상에서) 온전한 도덕성을 길러 주면서 악을 허용하지 않기란 불가능하다. 자녀에게 잘못된 행동을 일체 허용하지 않는다면 자녀는 결연히 선을 선택하는 기질 내지 성품을 결코 기를 수 없다. 선한 사람은 악을 언제라도 **선택**할 수 있는 세상에 살아야 한다. 선택권을 주지 않으면서 성품의 사람을 빚어내기란 불가능하다. 선택의 역량도 성품의 일부이기 때문이다.

개인의 성품은 **행동**을 통해 계발되며, 행동은 결과에 대한 성찰과 수정을 거쳐 장기간 반복된다. 초심자나 어린이의 경우 이 행동의 정황은 사회 풍조와 관습으로 이미 규정되어 있는 문화의 특성이다. 문화의 특성도 발달되고 진화하지만 오직 역사적 과정을 통해서만 가능하다. 이렇듯 인간의 성품은 과거의 여러 세대를 바탕으로 점차 계발되어 간다. 이것이 각 개인의 유전적, 문화적 출발점이다. 그것의 계발도 더 큰 의미에서 역사적이며 이는 세계 역사와 인류 역사를 두고 하는 말이다.

질서의 중요성

어떤 사람들은 하나님이 세상의 악을 지금보다 덜하게 창조하셨을 수도 있지 않느냐고 반문할 수 있다. 그분이 히틀러(Adolf Hitler)만 막으셨어도 세상이 더 나아지지 않았겠는가? 이런 이미지 속의 하나님은 저 위에 아주 큼직한 파리채를 들고 앉아서 악이 발생하려 할 때마다 그것을 내려치는 분이다. 하지만 그 결과는 질서와 법이 없는 세상이다. 당신은 무슨 일이 벌어질지 안심할 수 없다. 언제 하나님이 끼어들어 파리채를 휘두를지 모르기 때문이다.

인간의 행동과 교류란 본질상 법이나 질서의 통치를 받아야 한다. 그렇게 질서를 예측할 수 있어야 목표를 설정하고, 실현을 계획하고, 실수로부터 배우고, 무엇보다 타인들과 교류하여 공동체를 이룰 수 있다. 심지어 가정도(어쩌면 가정이라서 특히 더) 기존의 통상적 질서와 기대라는 틀이 없이는 제대로 형성될 수 없다. 개개인이 주변 환경에 자유로이 의식적으로 참여할 수 있어야 한다. 그런데 당신의 행동에 대한 일관된 반응을 기대할 수 없다면 어떤 행동이 적절한지 배울 수 없다. 가속기를 밟았는데 자동차가 끽 하고 정지하거나 불에 물을 부었는데 오히려 기름을 끼얹은 듯 더 활활 타오른다면 어떻겠는가? 각 상황에서 소기의 결과를 얻으려면 어떤 조치를 취해야 하는지 어떻게 아는가? 당신은 각 행동에 뒤따를 결과를 몰라 두려움에 얼어붙을 것이다.

개개인의 인격과 성품을 계발할 수 있는 기회는 자연법과 사회 규범을 통해 행동에 일정한 결과가 따르는 세상에서만 주어진다. 그런 환경 속에서만 당신은 결과를 충분히 아는 상태에서 "좋은 선택"을 내리거나 그렇지 않을 수 있고, 그리하여 기쁨을 누리거나 손해를 입을 수 있다. 공동체 내에 도덕적 행위자들이 존재하려면 지금과 같은 세상이 필요하다.

딜레마의 해결

그러므로 세상에 악이 존재한다 해서 하나님께 선이나 능력이 부족하다는 뜻이 아니다. 악의 존재를 하나님이 악을 (유발하지는 않으시지만) 허용하심으로써 이루시는 선이라는 정황 속에 두면 고질적 딜레마가 해결된다. 이런 결론을 통해 우리는 자신과 타인의 고난을 선하시고 위대하신 하나님의 거시적 세상 안에서 볼 수 있다. 그분께 있는 영원과 모든 자원은 우리의 가장 기발한 상상까지도 초월하며, 결국 각종 고난을 당하는 사람까지도 모두 자신의 삶을 무한한 감사로 받아들이게 한다.

그리스도인의 반응

흔히들 신이 창조하고 지탱하는 세상에 전쟁과 장애와 자살과 우

고통과 악의 문제

울과 지진과 기근과 전염병과 암이 있다면 그 신은 선할 수 없다고 반론을 편다. 신의 보호에 기댈 수밖에 없어 의지하는 사람들을 능히 돕지 못할 신이라는 것이다. 그렇다면 우리는 이런 반론에 어떻게 반응할 것인가?

첫째로, 우리는 많은 일들이 그 자체로 선하지 않음을 인정한다. 그런 일들이 정말 비극임을 결코 부정해서는 안 된다. 고난당하는 사람들에게 주제넘거나 간단한 답을 내놓지 않는 게 중요하다. 대충 얼버무리려 할 게 아니라 고난의 실재를 온전히 받아들여야 한다. 고난당하는 사람들에게 자신의 이야기를 말할 기회를 주고 정말 경청하라. 하나님은 어디에 계셨는가? 그분은 늘 고난의 자리에 계신다. 그 자리에서 그분께 의지하는 사람은 그분을 만난다.

당신과 대화 중인 사람의 가족이 세계무역센터(World Trade Center)가 무너질 때 꼭대기 층에 있었다고 상상해 보라. 당신은 어떤 말로도 상대가 느끼는 절절한 고통을 덜어 주거나 대충 얼버무릴 수 없다. 하지만 고통 너머에 뭔가가 있다고 말해 줄 수는 있다. 하나님을 바라보며 그분을 부르는 사람들은 자신의 삶 속에서 선이 승리할 것을 확신할 수 있다.

둘째로, 우리는 그런 일들의 배후의 **행위자**가 하나님이 아님을 인정한다. 하나님은 악을 행하지 않으신다. 그 정도로 무지하신 분이 아니다. 똑같은 이유에서 나도 펜으로 내 눈을 찌르지 않는다. 그 정도로 무지하지 않기 때문이다. 하나님이 설계하신 세상에는 누구나 자신의 행동을 선택할 자유가 주어져 있다. 태초에 아담과 하와 때부터 그랬다. 또 이 세상에는 그것을 악용하는 원수도 있다. 거시적 관점에서 보면 우리도 다 알고 있는 사실이다.

134

여기서 욥기가 중요하다. 욥기를 통해 우리는 자신이 전투 중에 있음을 알 수 있다. 욥기를 읽고 나서 당신은 "마귀의 주목을 끌지 않으려면 너무 착해지지 말아야겠다"는 생각이 들지도 모른다. 하지만 시험은 그래도 찾아온다. 하나님은 자신의 사람들을 괴롭히거나 고난에 빠뜨리지 않으신다. 그들이 그분을 떠났기 때문에 그분이 고난의 경험을 허용하실 때도 있으나, 고난이 늘 그런 이유로만 오는 것은 아니다. 고난이 오는 이유는 당신을 꾀어 하나님을 의심하게 만들려는 원수가 있기 때문이다. 그것이 욥기 전체의 의미다. 욥은 모든 고통과 상실의 한가운데서도 "그가 나를 죽이실지라도 나는 그를 의뢰하리니"라고 고백한다(욥 13:15, KJV 난하주). 하나님을 신뢰하는 게 중요하다.

어떤 어려움이 닥쳐와도 우리는 하나님을 의심해서는 안 된다. 감당하기가 심히 어려울 때도 있지만 그럴수록 하나님을 붙들어야 한다. "하나님이 나를 시험하시는 거다"라고 생각하면 그분께 집중하기가 어려워진다. 확언컨대 하나님은 당신에 대해 알아내려고 당신을 시험하실 필요가 없다. 나는 내 학생들을 시험하여 그들에 대해 알아내야 하지만 하나님께는 그런 문제가 없다. 그분은 이미 아신다. 그러므로 시험은 반드시 오지만, 고난을 유발하여 시험하는 게 하나님의 일이 아님을 알아야 한다. 그분은 우리가 어떤 존재이며 얼마나 감당할 수 있는지 아신다. 환난이 닥칠 때 중요하게 알아야 할 것은 하나님이 그 환난을 대적하신다는 사실이다.

셋째로, 우리는 고통과 악이 허용되는 창조세계의 전반적 질서가 선함을 지적한다. 우리로서는 그 무엇도 그 선에 비교할 수 없다. 이러한 창조세계야말로 인류에게 최고의 가치 있는 피조물로

계발될 수 있는 기회를 주기 때문에 **최고의 선**이다. C. S. 루이스는
이렇게 말했다.

> 잠재적 신들과 여신들의 사회에 산다는 것은 중대한 일이다. 잊
> 지 말아야 한다. 당신이 만난 가장 둔하고 재미없는 사람이 언
> 젠가 강한 숭배 욕구를 불러일으키는 인물로 변할 수도 있고 반
> 대로 행여 악몽 속에나 나타나는 끔찍한 악한이 될 수도 있다.
> 온종일 우리는 어느 정도 서로를 그 둘 중의 한 방향으로 떠민
> 다.……보통 사람이란 없다. 당신은 단지 필멸의 인간과 대화한
> 적이 한 번도 없다. 국가와 문화와 예술과 문명, 이런 것들은 필
> 멸이다. 그것들의 삶은 우리 삶에 비하면 하루살이의 삶에 지나
> 지 않는다. 그러나 당신이 함께 농담을 주고받고 일하고 결혼하
> 고 구박하고 착취하는 사람은 불멸의 존재다. 불멸의 악한이거
> 나 영원한 성자다.……당신의 이웃은 거룩한 성례 다음으로 당
> 신의 오감에 다가오는 가장 거룩한 대상이다.[7]

넷째로, 우리는 "하늘이 치유할 수 없는 슬픔은 이 땅에 없다"고 단
언한다.[8] 싸움은 아직 끝나지 않았고 하나님은 반드시 이기신다.
어느 특정한 슬픔을 영원한 악으로 지목한다면 이는 하나님의 광
대한 우주 안에 놓인 우리의 영원한 운명과 기독교적 하나님관에
이의를 제기하는 것이다. 로마서 8:28에 "하나님을 사랑하는 자
곧 그의 뜻대로 부르심을 입은 자들에게는 모든 것이 합력하여 선
을 이루느니라"고 했다. 우리 삶을 하나님께 드렸다면 그분이 요엘
2:25-27에 이스라엘에게 약속하신 것처럼 여기 이 땅의 삶 속에

서 우리를 회복시켜 주신다.

> 내가 전에 너희에게 보낸 큰 군대
> 곧 메뚜기와 느치와 황충과
> 팥중이가 먹은 햇수대로
> 너희에게 갚아 주리니
> 너희는 먹되 풍족히 먹고
> 너희에게 놀라운 일을 행하신
> 너희 하나님 여호와의 이름을 찬송할 것이라.
> 내 백성이 영원히 수치를 당하지 아니하리로다.
> 그런즉 내가 이스라엘 가운데에 있어
> 너희 하나님 여호와가 되고 다른 이가 없는 줄을 너희가 알 것
> 이라.
> 내 백성이 영원히 수치를 당하지 아니하리로다.

하나님은 또한 죽음 이후에 우리 삶의 모든 면을 구속하신다. 지금 살고 있는 세상의 고난이 구속될 수 없다는 주장이 참일 수 있으려면, 기독교적 차원의 하나님이 단연코 존재하지 않아야만 한다. 우리는 요한계시록 21:3-4에 주신 약속을 붙든다.

> 보라, 하나님의 장막이 사람들과 함께 있으매
> 하나님이 그들과 함께 계시리니
> 그들은 하나님의 백성이 되고
> 하나님은 친히 그들과 함께 계셔서

모든 눈물을 그 눈에서 닦아 주시니

다시는 사망이 없고

애통하는 것이나 곡하는 것이나 아픈 것이 다시 있지 아니하리니

처음 것들이 다 지나갔음이러라.

기독교 신앙은 인격적인 하나님이 결국 모든 사건들을 구속하실 수 있고 따라서 허용하실 수도 있다는 세계관과 하나님관에 헌신되어 있다. 그분은 더할 나위 없이 완벽한 창조세계를 가꾸어 나가실 의지와 능력을 겸비하신 분이다. 굳이 모든 사건들 자체가 선하지 않아도 된다. 나쁜 일과 끔찍스러운 악도 벌어진다. 하지만 자기 백성에게 알려지신 예수 그리스도는 모든 인간을—나아가 참새와 백합까지도—충분히 돌보시는 분이다. 모든 개인은 믿음과 순종으로 이렇게 고백하도록 초대되었다. "여호와는 나의 목자시니 내게 부족함이 없으리로다."

  "땅에서의 삶"이 개인에게 있는 전부라면 분명히 악과 고통과 좌절은 구속되지 않는다. 하지만 하나님의 세계 전체의 정황에서 보면 어떤 악도 개인을 막아, 삶이 선하고 하나님이 선하심을 깨닫지 못하게 할 수 없다. 악을 끝없이 더 영광스러워지는 영원한 삶의 한 부분으로 보면 그렇다. 우리의 관점도 사도 바울과 같아진다. 그는 큰 환난에 대해 "우리가 잠시 받는 환난의 경한 것이 지극히 크고 영원한 영광의 중한 것을 우리에게 이루게 함이니 우리가 주목하는 것은 보이는 것이 아니요 보이지 않는 것이니 보이는 것은 잠깐이요 보이지 않는 것은 영원함이라"고 했다(고후 4:17-18).

이 땅에서의 삶에서도 우리는 그것을 조금씩 맛본다. 미래에 들

어섰는데 그 미래가 좋으면 과거의 성질이 달라진다. 그 속을 지날 때는 감당하기 힘든 과거였으나 이제는 더 큰 전체의 일부가 되기 때문이다. 심지어 유명한 회의론자인 데이비드 흄도 "당신의 신이 충분히 크면 악의 문제는 없어진다"고 말했다(내가 풀어쓴 표현).[9] 그것이 열쇠다. 예수께서 우리 삶 속에서 그렇게 단언하시기에 우리는 새 하루를 맞이할 때마다 당당히 나아가 하나님의 선하심을 경험할 수 있다.

기근 중에 죽는 아이는 즉시 하나님의 충만한 세계 속으로 영접된다. 그곳은 존재 자체가 선하고 미래가 한없이 웅대한 곳이다. 지금은 하나님이 도무지 보이지 않지만 거기서는 그분의 무한한 선하심과 위대하심이 보인다. 그분의 임재 안으로 영접되는 사람은 누구나 그분의 선하심과 위대하심을 영원히 충분하게 누린다. 이 하나님을 의지하는 사람들에게 비극이란 없다.

인간의 책임

심사숙고 끝에 나는 인간에게 일반적인 고통과 고생과 실망과 고난이 어느 정도 있는 삶보다 더 바람직한 대안은 없다는 결론에 도달했다. 그렇다고 볼테르(Francois-Marie Arouet Voltaire)의 소설 『캉디드』(Candide)에 등장하는 선한 팡글로스의 말처럼 "모든 일은 최고의 세상에서 최고의 선을 이루기 위해 일어난다"고 말하려는 것은 아니다. 천만의 말이다! 하지만 나는 인간의 악과 미련함만 아니라면 지금의 세상이 인간의 삶에 최고의 세상일 수 있다고 말할 용의는 있다.

우리 인간은 갈 길이 멀다. 우리의 악을 하나님 탓으로 돌려서는 어떤 좋은 결과도 나올 수 없다. 우리가 충분한 지각과 야망을 품고 스스로 이루어 내야 할 일을 그분이 해주시기만 기다리며 빈둥거리고 있어서도 안 된다. 하나님은 우리에게 타고난 능력과 수단을 주서서 그것으로 이 세상을 건강하고 살기 좋은 곳으로 만들게 하셨다. 그렇기 때문에 그분은 우리가 그 일에 실패하면 책임을 물으신다. 세상의 악 때문에 하나님을 비난하는 모든 사람들은 자신이 세상의 악을 몰아내고자 최선을 다하지 않는 한 결국 불성실하다는 책망을 면할 수 없다.

예컨대 사람들이 경제 자원을 어리석게 소비한다면, 하나님이 인간에게 굶주림을 허용한다는 그들의 비난은 오히려 자신들이 위선자임을 입증할 뿐이다. 세간의 통념과 반대로, 아무런 종교가 없는 사람도 위선자가 될 수 있다. 세상의 고통과 악을 하나님 탓으로 돌리는 사람들이 진실하다면 왜 자신의 자리에서 시작하여(멀리 가지 않아도 고통과 악은 있으므로) 뭔가 행동을 취하지 않는가? 물론 그런 사람들도 있다. 다행히 일부 사람들은 행동을 취하고 있다.

악의 다른 문제

여기서 우리는 악의 "다른" 문제에 도달한다. 악을 어떻게 없앨 것인가의 문제다. 세상의 악을 정말 우려한다면 나는 적어도 하나님의 책임을 걱정하는 것만큼 악에 대한 나 자신의 책임도 걱정해야 한다. 나 한 사람이 악한 행동을 중단하면 주변 세상에 상당한 영향을 미칠 수 있다. 또 하나님의 선하심과 위대하심을 신뢰하면 나를 악으로 끌어들이는 사슬을 끊을 수 있다. 그 사슬은 나를 신격화한다. 믿을 수 있는 대상은 나뿐이므로 내가 알아서 나를 챙겨야 한다는 것이다. 모든 악한 행동은 "필요성"이라는 미명하에 자행된다. 나의 목표물을 확보하는 데 필요하지 않다면 나는 거짓말하거나 속이거나 훔치거나 남을 해치지 않을 것이다. 그 목표를 이루어야 할 사람은 물론 **나**다.

악의 주된 형태는 사람을 해치려는 마음이다. 학교 운동장의 불량배도 그렇고 히틀러나 무솔리니(Benito Mussolini) 같은 국가 지도자도 마찬가지다. 악의 근본 원인은 분노이며 분노는 자신의 욕심이 채워지지 않은 실망에서 기원한다. 이 모든 논의의 기초는 사람들이 자기가 원하는 것을 얻지 못한다는 근본적 사실에 있다. 그래서 그들은 분노하여 당장이라도 다른 사람들을 해치려 한다.

예수께서 산상수훈에서 삶을 논하시는 출발점은 하나님 나라의 모습과 그 안에서 누리는 복된 삶이다. 이어 그분은 일상의 현장으로 눈길을 돌려 인간 개개인의 삶에서 피해의 근원이 무엇인지 살피신다. 그분이 제일 먼저 지적하신 것은 분노와 멸시다(마 5:21-26).[10] 세상에서 분노와 멸시를 몰아낼 수 있다면 9.11 사태도 유태인 대학살도 중세의 종교재판도 없을 것이다. 분노와 멸시가 없으면 사람을 해치려는 동기 자체가 없어진다.

세상의 악을 보며 "나는 어떻게 할 것인가?"를 물을 때는 위의 사실을 기억하는 게 중요하다. 우리 각자가 자신과 자신의 영향권으로부터 시작해야 한다. 나아가 다른 사람들을 도와 각자의 삶에서 분노와 욕망의 실상을 직시하도록 해주어야 한다. 분노는 타인의 의지를 침범하고 타인의 욕망에 간섭할 때 생겨난다. 대체로 변화의 방법, 곧 분노와 멸시를 없애고 자신의 욕망을 통제하는 길은 우리의 의지를 하나님께 굴복시키는 것이다.[11] 다시 말해서 우리의 미래와 현재와 삶 전체를 하나님의 소관에 넘겨 드려야 한다. 이것이 악의 문제에 대한 답이다. 암, 사별, 전쟁 등을 겪어야 하는 사람들의 경우에도 답은 하나님의 뜻에 복종하는 것이다.

하나님을 의지한다면 내 목표의 실현을 그분께 맡길 수 있다. 삼 척동자라도 뻔히 잘못인 줄 아는 내 행실을 끊을 수 있고, 주변에서 벌어지는 부도덕한 행동에 협력하던 것도 조용히 그만둘 수 있다. 또한 내게 벌어질 결과에 개의치 않고 주변의 악에 대항할 수 있다. 우리는 완벽해질 필요가 없다. 그저 지금보다 훨씬 잘하는데 집중하면 된다. 그것이 우리가 살고 있는 세상을 몰라보게 향상시키는 가장 확실한 방법이다.

우리의 모범이신 예수

이렇게 악에 대항하는 최선의 길은 단순히 예수 그리스도의 지도와 도움에 의지하는 것이다. 우리를 개조할 수 있는 주형(鑄型) 내지 형상이 그분 안에 있다. 기독교의 메시지 전체는 그분의 형상을 본받으라는 부름으로 압축될 수 있다(롬 8:29 참조). 그리스도께 남녀 인간들의 삶을 요구하실 권리가 있음은 단순히 그분이 곧 우리가 되어야 할 모습이기 때문이다. 그분은 우리가 덕이라 부르는 모든 성품 특성의 유일한 화신이시다. 그 모든 것 위에 그분이 또 하나 덧붙이시는 본보기는 하나님과 직접 생생하게 소통하시는 모습이다. 그리스도의 **훈련**으로 이해하는 기독교야말로 **진정한 휴머니즘**(humanism)이다. 그리스도는 인간의 형상이시며, 그렇기에 또한 하나님의 성품의 형상이시다. 거꾸로 그리스도께서 하나님의 성품의 형상이시기에 인간의 형상이라고 말할 수도 있다. 신성과 인성이 공존하는 이 형상의 두드러진 특성을 바울은 갈라디아서에 "사랑과 희락과 화평과 오래 참음과 자비와 양선과 충성과 온유와 절제"라 표현했다(5:22-23).

우리 삶에 대한 권한을 그리스도께 양도하려면 특히 그분을 인생의 이상(理想)으로, 당신과 내가 구현해야 할 모든 덕과 선의 화신으로 인정해야 한다. 그런데 그렇게 인정하려면 또한 그분을 유례없이 하나님의 아들로 인정해야 한다. 하나님의 자녀들은 모두 한 가족답게 아버지를 닮는데, 예수야말로 아버지를 쏙 빼닮으신 본보기이기 때문이다.

하나님의 다른 자녀들과 그리스도의 차이는 그분만은 결코 자신의 뜻으로 하나님의 뜻에 맞서지 않으신다는 사실이다. 다른 자녀들은 그렇게 하며, 그 바람에 아버지를 닮은 모습을 잃고 악에 자리를 내준다. 우리 모두는 옳은 일을 할 수 있는데도 대체로 그것을 원하지 않는다. 차라리 쉬운 일이나 즐거운 일을 훨씬 좋아한다. 요컨대 우리는 하나님이 원하시는 일이나 도덕률(moral law)이 요구하는 일보다 자기가 원하는 일을 하려 한다. 그렇게 아버지의 뜻을 거스르는 것은 곧 그분의 주권을 거부하고 그분의 집을 떠나는 행위다. 그러나 그런 사람도 누구나 하나님의 집에 다시 들어올 수 있다. 완고한 아집과 교만으로 '하나님의 형상'(imago Dei)을 스스로 저버렸어도, 이제 단순히 그 형상을 회복시켜 주시기를 구하며 자신을 그분의 처분에 맡기면 된다.

천국의 사냥개

지금까지 내가 한 말을 요약하려면 한 세기도 더 전에 질병과 개인적 비애의 삶을 살았던 영국의 시인 프랜시스 톰슨(Francis Thompson)의 글에서 한 대목을 인용하는 것보다 더 좋은 방법은 없을 것이다. 아래에 인용한 부분은 "천국의 사냥개"(The Hound of Heaven)라는 시의 종결부인데 하나님과 시인의 대화 형식으로 되어 있다.[12] 시인을 평생 추적해 오신 하나님이 말씀하신다.

> 인간의 사랑은 인간의 공로를 요구하느니,
> 네게는 무슨 공로가 있느냐―
> 인간의 모든 흙덩이 가운데서도 가장 더러운 흙덩이인 네가?
> 슬프도다, 너는 털끝만 한 사랑도
> 받을 가치가 없음을 모르는구나!
> 나 아니면, 오직 나 아니면
> 비천한 너를 누가 사랑해 주겠느냐?
> 내가 네게서 너의 모든 것을 취함은
> 너를 해롭게 하려 함이 아니요
> 다만 네가 그 모든 것을 내 품 안에서 찾도록 하려 함이었다.
> 네가 어린아이 같은 생각으로
> 잃어버렸다 여긴 모든 것을
> 나는 내 집에 쌓아 두었노라.
> 일어나서, 내 손을 잡고 가자!

그러자 시인이 평생 자신을 따라온 발걸음을 두고 말한다.

> 그 발걸음이 내 곁에서 멈춘다.

결국 나의 어둠은

사랑으로 내미신 그분의 손그림자란 말인가?

하나님이 대답하신다.

아, 어리석고 눈멀고 약한 자여,

내가 바로 네가 찾는 자이니라!

네가 나를 쫓아내므로 네게서 사랑을 쫓아냈느니라.

우리 자신을 냉철하게 살피고 하나님의 사랑에 우리의 소망을 두기만 한다면, 땅에서의 삶에 낙심이 들어설 자리가 없으며 원한은 더욱 무용지물이다. 그리스도를 통해 명백히 드러난 하나님의 사랑을 누구나 받아 누릴 수 있다.

7

하나님과 함께하는 삶과 행동

여호와는 나의 목자시니 내게 부족함이 없으리로다.
그가 나를 푸른 풀밭에 누이시며
쉴 만한 물가로 인도하시는도다. 내 영혼을 소생시키시고
자기 이름을 위하여 의의 길로 인도하시는도다.
내가 사망의 음침한 골짜기로 다닐지라도 해를 두려워하지 않을 것은
주께서 나와 함께하심이라. 주의 지팡이와 막대기가 나를 안위하시나이다.
주께서 내 원수의 목전에서 내게 상을 차려 주시고
기름을 내 머리에 부으셨으니 내 잔이 넘치나이다.
내 평생에 선하심과 인자하심이 반드시 나를 따르리니
내가 여호와의 집에 영원히 살리로다. ― 시편 23편

궁극의 변증은 하나님 나라의 자원으로 살아가는 개인의 삶이다. 멋진 추상적 개념과 논증을 두루 갖추는 것도 매우 중요할 수 있지만, 우리는 기도와 말을 통해 천국의 일을 실제로 이루어 가는 사람들이 되어야 한다. 우리는 하나님과의 인격적 관계 속에 살아가는데, 이제 그 말이 무슨 의미인지 살펴볼 필요가 있다.

세 가지 요지를 언급하고 싶다. 하나는 실재의 본질과 관계된다. 실재란 인격적인 것인가? 이는 문화적 물음이다. 당신은 혹시 밤에 자리에 누워 이 무한한 우주의 한구석을 빙빙 도는 지구라는 작은 덩어리가 신기하게 느껴진 적이 있는가? 물리적 실재를 바라보면 때로 몹시 두려워질 수 있다. 그 실재는 그것을 창조하고 지탱하는 무한한 인격적 존재가 있음을 합리적이고 논리적으로 암시해 준다. 이 사실을 이해하지 못하면 당신은 피해자가 될 수 있다.

이것은 우리의 믿음에 매우 중요하다. 그런데 많은 사람들이 믿음을 전할 때 그리스도의 부활 같은 주제로 직접 들어가려 한다. 하지만 무에서 유가 나오고 혼돈에서 질서가 나온다는 개념에 이미 헌신되어 있는 사람들은 죽은 자가 살아난다는 개념도 당연하게 받아들인다. 신기한 우주의 또 하나의 신기한 사건일 뿐이다.

내 친구들과 지인들 중에 대학 캠퍼스를 다니며 CCC와 IVF 같은 단체의 그리스도인들과 토론을 벌이는 일을 업(業)으로 삼는 사람들이 있다. 그들이 내게 종종 하는 말이 있다. "아주 이상하겠지만 설령 내가 현장에서 예수 그리스도가 살아나 무덤에서 나와 돌아다니는 모습을 본다 해도, 그렇다고 신이 존재한다는 의미는 아니다." 당신이 기억해야 할 것은 이 우주가 이미 하나님의 손안에 놓여 있지 않다면 그런 사건들을 해석할 배경이 전혀 없다는 사실이다. 예수는 "하나님을 믿으니 또 나를 믿으라"고 말씀하셨다(요 14:1). 그 말씀 속에 사건의 순서가 있다.

자연 만물이 증언하는 것은 "나는 스스로 있는 자이니라"고 하신 위대한 존재다. 예수께서 오실 수 있었던 것은 구속사의 과정을 통해 기초가 다져져 있었기 때문이다. 왜 가인 대신 예수가 오지 않았는가? 하나님은 분명히 하와의 후손이 뱀의 머리를 상하게 하리라고 하셨는데(창 3:15) 최초로 태어난 사람은 가인이었다. 왜 예수가 곧바로 태어나지 않았는가? 하나님은 인격체이시므로 사람들에게 인격체로서 구속 사역을 위해 다가오신다는 사실을 알아야 한다. 그것을 이해하지 못하면 당신은 다른 요지들, 특히 내가 언급하려는 요지들에 공감할 수 없다.

변증을 전개할 때 질서 정연한 과정을 따라 적절한 기초를 놓아야 함을 잊지 말라. 그러므로 먼저 구속사와 그에 수반되는 언약 백성과 책을 말하고, 그 다음에 시간이 있으면 성육신을 말하고, 부활은 그 다음이어야 한다.

그 모든 것 다음으로 우리는 두 번째 요지이자 사안의 핵심으로 넘어간다. "온갖 악과 고난이 계속되고 있고 당신에게도 많은 일이 벌어지고 있는데, 당신에게는 왜 이 세상의 한복판에서 희망이 있는가?" 이렇게 묻는 사람들은 단지 위대한 하나님에 관한 말을 듣고 싶은 게 아니다. 단지 구속사나 무오한 책이나 언약 백성에 관한 말도 아니다. 그 언약 백성이 역사를 주관하시는 하나님을 끊임없이 증언한다 할지라도 말이다. 사람들이 알고 싶은 것은 당신과 **당신의 삶**에 벌어지고 있는 일이다. 당신이 "그분은 나의 산성이시고 나를 구해 주시는 분이다"라고 말하면, 그들은 그분이 당신을 마지막으로 구해 준 게 언제인지 알고자 한다. 구해 준다는 말은 또 무슨 뜻인가? 실제로 그 일이 어떻게 이루어지는가? 기쁜 소식을 전하려면 추상적이고 막연한 기쁜 소식이 아니라 개인적 기쁜 소식 곧 당신이 그리스도 안에서 맛보는 삶을 종종 전해야 한다. 사람들이 듣고 싶은 것은 모든 실재의 근원이신 이 인격적 하나님과 당신과의 인격적 관계다.

변증의 주제가 하나님의 존재와 기본 속성이라는 첫 단계를 벗어나면 이제부터 우리의 일은 입증의 문제라기보다(물론 군데군데 그것도 절대적으로 중요하지만) 기독교 신앙의 요소들의 이치를 밝히는 문제가 된다. 우리가 아는 삶의 실재에 대해 우리 자신이 산 증거가 되어야 한다. 과거에 말씀이 임했을 때 사람들은 그것을 자신의 삶과 영의 실제 일부로 받아들였다. 구속사와 성경과 예수의 지상 생활은 실존 인물들에게 벌어진 사건이다.

그것이 우리의 세 번째 요지로 연결된다. 하나님의 모든 소통은 성경이 종료될 때 끝났는가? 그것이 그분의 마지막 기별인가? 그것이 인격적 관계인가? 어떤 사람들에 따르면 하나님과의 인격적 관계는 단순히 그분의 공로가 우리에게 전가되어 죽을 때 모든 부채가 말소된다는 뜻에 지나지 않는다. 그것이 정말 인격적 관계인가?

성경의 모든 내용이 기록된 목적은 무엇이 오늘의 우리에게 실제로 현존하는지를 알려 주기 위해서다. 성경에서 개인들의 삶을 통해 역사 속에 침투해 들어오시는 하나님을 볼 때 우리는 지금도 계속되고 있는 실재를 상대하는 것이다. 그 실재가 지금도 계속되지 않는다면 하나님과의 인격적 관계라는 것도 존재할 수 없다. 옳은 내용을 믿어 사후에 천국에 가는 게 기독교의 전부라면 인간이 더 이상 살아야 할 이유가 무엇인가? 물론 복음을 전하고 다른 사람들을 초대하여 하나님의 은혜와 구원을 받아들이게 하기 위해서다. 하지만 그게 전부인가? 아니면 우리는 **지금** 하나님 나라에서 그분과 연합하여 살도록 되어 있는가?

신약의 모든 가르침에는 우리가 하나님과 인격적으로 동행한다는 전제가 깔려 있다. 그것은 우리 삶 속에 벌어지는 실제 사건이다. 우리는 지금의 자리에서 그분의 자녀로서 그분과 **함께** 일하며 살아간다. 결국 "당신의 삶은 어째서 다른가?"라고 묻는 친구에게 만족을 줄 수 있는 대답은 오직 그것뿐이다. 우리의 대답은 반드시 이런 것이어야 한다. "내가 말해 주겠다. 내 삶이 어떻게 돌아가는지 보여주겠다. 당신도 이것을 얻을 수 있다. 일상적 실존의 순간들 속에서 당신이 하나님을 상대하고 하나님이 당신을 상대하신다는 게 무엇인지 당신도 정말 알 수 있다." 성경적 가르침의 범위 내에서 하나님은 사람들에게 주시는 개별적 말씀을 통해 각 개인과의 인격적 관계를 창조하시고 유지하신다. 하나님 나라는 말씀으로 운행된다!

변증이라는 돕는 사역에서 중요하게 다루어야 할 문제 중 하나는 회의를 처리하여 없애는 사역인데, 그러려면 성령 곧 우리에게 말씀하시는 하나님의 지도하에 의심스러운 부분들을 명확히 밝혀야 한다.

하나님은 우리에게 말씀하시는가?

변증에서 더할 나위 없이 중요한 한 주제는 하나님이 우리에게 말씀하신다는 이슈다. 당신에게 한 번도 말한 적이 없는 사람과의 인격적 관계가 어떤 것일지 상상이 되는가? 하나님이 개인에게 말씀하지 않으신다고 믿는 사람들이 많이 있다. 그런 그들도 교회에 가서는 이렇게 노래한다.

주님 나와 동행을 하면서
나를 친구 삼으셨네.
우리 서로 받은 그 기쁨은
알 사람이 없도다.[1]

많은 노래를 우리는 가사에 아무런 의미도 부여하지 않은 채 부른다. 그러면서 "그냥 노래니까"라고 말한다.

하나님이 자신에게 말씀하신다는 개념이 전혀 편하게 느껴지지 않는 사람들이 많이 있다. 하나님은 그들을 깔아뭉개지도 않으실 것이고 메시지가 있을 때 그들의 어깨를 두드리지도 않으실 것이다. 그래서 그들은 정말 하나님이 자신에게 말씀하신 적이 없다고 증언할 때가 아주 많다.

하나님의 음성을 듣는 일

하나님은 정말 우리에게 말씀하시며 우리는 그분의 음성을 알아듣고 식별할 수 있다. 사람들에게 그 사실을 믿도록 격려하는 일이야말로 내가 믿기에 단연 가장 중요한 나의 사명이다. 성경에 이에 대한 아름다운 이야기가 많이 나온다. 창세기 24장을 읽어 보라. 아브라함이 자신의 친척들에게 늙은 종을 보내 아들 이삭의 신붓감을 찾아오게 하는 이야기다. 워낙 중대사인 만큼 종은 당연히 걱정이 되어, 자기를 따라오려는 여자가 없을 경우에 어떻게 해야 할지 아브라함에게 묻는다. 아브라함은 종에게 주께서 "그 사자를 너보다 앞서 보내실지라"고 말한다(7절). 종은 그 말을 하나도 믿지 않지만 그래도 그곳에 도착해서 "우리 주인 아브라함의 하나님"께 사명의 성공을 위해 기도한다(12절). 그러자 "말을 마치기도 전에 리브가가……나오"는 놀라운 이야기다(15절). 이 과정을 통해 종은 하나님의 인도하심에 의지하는 법을 배운다.

하나님은 사람들에게 늘 말씀하시지만 대부분의 사람들은 무슨 일인지 모른다. 그들은 엘리 제사장과 함께 지내던 어린 날의 사무엘 선지자와 같다. 주께서 사무엘의 침대맡에 오셔서 "사무엘아, 사무엘아" 하고 부르셨다. 사무엘은 당연히 엘리가 부른 줄 알고 일어나 그에게로 갔으나 엘리는 자기가 부르지 않았다며 아이를 돌려보냈다. 그런 일이 몇 번 더 있은 후에야 드디어 엘리는 무슨 일인지 깨달았다. 사무엘상 3장의 아름다운 이야기에 보면 사무엘은 다시 부르는 소리가 나자 엘리가 가르쳐 준 대로 "여호와여, 말씀하옵소서. 주의 종이 듣겠나이다"라고 말한다(9절). 사람들이 하나님의 음성을 듣지 못하는 이유 또는 듣고도 그게 무엇인지 모르는 이유에 대해 온갖 종류의 설명이 있다. 그러나 당신은 하나님이 어떻게 말씀하시는지를 배워야 한다. 그렇지 않으면 그분과의 인격적 관계에 대한 확신이 늘 흔들릴 것이다.

반대로 당신은 사람들에게서 하나님이 정말 자신에게 말씀하셨다는 간증을 종종 들을 것이다. 오늘 아침에 교회에서 한 여인이 그리스도인이 아닌 남편과의 결혼 생활에 대해 말했다. 그녀도 결혼할 때는 그리스도인이 아니었으나 나중에 회심했다. 중간에 그녀는 부부 관계가 힘들어져 남편을 떠날까 생각했다. 그런데 하루는 그녀가 앉아 있는데 하나님이 결혼 생활을 지속해야 할 이유를 정확히 말씀해 주셨다. 이것이 하나님과의 인격적 관계다. 하나님이 당신에게 개별적으로 말씀하시는 게 불가능하다고 마음속에 기정사실화해 두면 그것이 당신의 믿음이다. 적어도 당신의 경험에 관한 한 아마도 믿음대로 될 것이다.

물론 하나님은 특이한 방식으로 사람들의 주목을 끄실 때도 있다. 하지만 하나님이 우리에게 말씀하시는 기본적 방식은 우리의 머릿속에 생각을 일으키시는 것이다. 차차 알고 보면 그런 생각에는 특유의 성질과 내용과 정신이 있다. 우리가 서로에게 어떻게 말하는지 생각해 보라. 내가 소리를 발생시켜 당신에게 말하면 작은 음파가 당신의 귓속으로 들어가 고막을 건드리고 당신의 뇌는 그 음파를 언어로 전환시킨다. 이 행위의 최종 결과로 당신에게 어떤 생각이 생겨난다. 이렇듯 나는 당신에게 말할 때 당신의 머릿속에 생각을 일으킨다. 이 개념만 분명히 알면 하나님이 여러 방식으로 우리의 머릿속에 생각을 일으키실 수 있음을 아주 쉽게 이해할 수 있다. (물론 그러려면 하나님이 존재하시고, 그분이 우리를 지으셨으며,

인류 역사에 목적이 있다는 등의 개념이 당신에게 조금이라도 기초로 다져져 있어야 한다.)

성경을 공부해 보면 여러 방식으로 말씀하시는 하나님을 분명히 볼 수 있다. 민수기 11장과 출애굽기 33장에서 하나님은 사람이 친구에게 하듯 모세와 대면하여 말씀하신다. 예레미야서에는 주의 말씀이 꿈과 대비된다. "꿈을 꾼 선지자는 꿈을 말할 것이요 내 말을 받은 자는 성실함으로 내 말을 말할 것이라.……내 말이 불같지 아니하냐. 바위를 쳐서 부스러뜨리는 방망이 같지 아니하냐"(렘 23:28-29). 귀에 육성으로 들려온다는 암시는 없다. 예수도 하나님의 음성을 직접 들으셨던 것 같다. 나중에 어떤 사람들의 주목을 끄는 데는 특별한 사건이 필요하기도 했다. 다메섹 도상의 사울을 비롯해 사도행전에 그런 예들이 나온다. 어떤 방법도 배제해서는 안 되겠지만 하나님이 선호하시는 방식은 자원하여 듣는 자들의 머릿속에 생각을 주시는 것임을 알아야 한다. 열왕기상 19:12에는 그것이 "세미한 소리"로 표현되어 있다.

주인의 음성을 배우는 법

음성이란 경험으로 배우는 것이다. 우리도 최소한 양(羊)만큼은 똑똑하다. 양들은 경험으로 주인의 음성을 배워 식별한다. 음성의 학습을 강조하면서 성경에 거듭 쓰인 은유가 바로 그것이다. 차차 당신은 어디서 온 생각이냐에 따라 그 특성과 내용과 정신이 각기 다름을 터득하게 된다. 하나님께로부터 온 생각인지 아닌지 꽤 쉽게 식별하게 된다. 우선 하나님은 결코 사람을 들볶거나 보채지 않으신다. 반면에 우리 자신의 생각에는 늘 불안하고 얄팍한 특성이 있다.

당신에게 개별적으로 들려오는 하나님의 음성을 알고 싶거든 단순히 그분이 당신을 거기로 인도하실 것을 신뢰하라. 말씀해 달라고 하나님께 구한 뒤, 귀를 기울이며 기다리라. 아마도 그분은 당신에게 명료히 말씀하실 것이다. 하지만 당신은 그것이 가능하다는 사실부터 이해하고 믿어야 한다. 그렇지 않으면 당신의 믿음이 거기에 부응하지 못할 것이고 당신은 배울 기회를 놓칠 것이다. 내가 여기서 이것을 강조하는 이유는 친구가 당신과 하나님의 관계에 대해 그리고 당신의 소망의 이유에 대해 물어올 때 당신의 대답이 이래서는 안 되겠기 때문이다. "글쎄, 그분은 **나에게는** 통 말씀하지 않으시지만 다른 많은 사람들에게는 말씀하신다."

개인적 사례

많은 사람들이 내게 하나님의 음성을 명확히 들었던 사례를 들려달라고 청한다. 지금부터 당신이 여간해서 잊지 못할 한 사례를 간략히 말하려 한다. 오래 전에 내 아들이 내가 집필 중인 책의 컴퓨터 작업을 도와주고 있었다. 다음 진도에 대한 계획을 둘이 막 마친 뒤에 내가 옆방으로 들어서는데, 이미 배워서 식별할 수 있는 방식으로 이런 생각이 찾아왔다. "이 책을 끝마칠 때까지 네 아들이 살아 있지 못할 것이다." 하나님의 음성이었다고 당신에게 입증할 생각은 없고 다만 내가 경험한 일만 말하려 한다.

나는 기도하면 달라진다고 믿는다. 내가 믿기로 그게 우리가 기도하는 이유다. 당신의 기도로 하나님의 생각을 바꿀 수 있음을 믿지 않는다면 당신은 기도하지 않을 것이다. 그게 기도하는 유일한 이유다. 그래서 나는 가서 기도했고 얼마 후에 아들이 죽지 않으리라는 확신을 받았다.

　다음 일요일에 고속도로 순찰대로부터 전화가 왔다. 우리 아들이 교통사고를 당해 UCLA 병원의 중환자실로 이송되었는데 중태라고 했다. 병원으로 가면서도 계속 기도했다. 분명히 말하건대 아들과 주변의 모든 사람들은 일련의 특이한 일들이 이 사건 내내 벌어졌다는 굳은 확신이 있었다. 일례로 사고 현장의 아들 바로 뒤에 간호사와 의사가 있어 그들이 초동부터 아들에 대한 조치를 감독할 수 있었다. 그런 일들이 그 밖에도 더 있었다. 아들은 회복되었고 나는 이 일이 그에게 영적으로 큰 변화를 가져다 주었음을 알고 있다.

　이런 극적인 사례를 든 이유는 그래야 당신에게 잊히지 않을 것 같아서다. 하지만 내 요지는 내가 하나님께로부터 오는 생각의 특징을 배웠다는 점이다. 시간이 가면서 점차 깨달았지만 오랜 세월 하나님이 내게 말씀하셨고 이것저것 하라고 명하셨으나 나는 그분인 줄 몰랐다. 그냥 내 생각인 줄 알았다.

하나님의 음성을 들을 수 없다는 반론

하나님이 우리에게 말씀하신다는 개념에 대해 그동안 여러 종류의 반론이 제기되었다. 예컨대 그것이 성경의 권위를 위협한다고 느끼는 사람들이 많이 있다. 하지만 사실은 마치 하나님이 개인에게 말씀하지 않으시는 것처럼 가르치고 행동하는 것이 오히려 성경의 권위를 위협한다. 그분이 정말 말씀하신다고 성경이 명백히 가르치고 있기 때문이다. 요한복음 14장을 읽어 보라. 사도행전도 읽어 보라. 말씀하시는 그분을 볼 수 있다. 하나님이 말씀하실 내용의 객관적, 역사적 기준은 성경이다. 중요하게 기억해야 할 것은 하나님이 어느 누구에게도 성경에 어긋나는 메시지는 결코 주지 않으신다는 사실이다. 하지만 그분께는 성경에 없지만 당신에게 해주실 말씀도 많이 있다.

예컨대 당신이 현재 출석 중인 교회에 대한 언급은 내가 알기로 성경 어디에도 없다. 하지만 당신 교회의 지도자들과 동료 교인들은 특정한 결정 사항들과 관련하여 하나님이 이 교회를 향한 그분의 뜻을 보여주실 수 있다는 가능성을 받아들인다. 다른 한편으로 우리가 이런 문제로 심히 힘들어하는 이유 중 하나는 결정을 내릴 때 무조건 하나님의 도움만 바라기 때문이다. 올바르게 결정하고 싶은 마음에 우리는 불안해서 이렇게 아뢴다. "오 주님, 어떻게 해야 할지 알려 주십시오." 하지만 이런 일로 신경이 과민해져서는 안 된다. 말씀을 통한 하나님의 인도하심에만 매달리느라 그분을 향한 믿음의 헌신을 저버려서는 안 된다. 하나님으로부터 특별한 말씀이 없더라도 그분을 신뢰하는 가운데 과감히 결정을 내려야 할 때가 많이 있다.

또 하나 알아야 할 것은 하나님이 우리에게 뭔가를 알리기 원하신다면 말씀하신다는 사실이다. 그분은 감추려 하지 않으신다. 나는 사람들이 하나님의 인도하심에 대해 토의하다가 부지중에 그분을 모독하는 것을 보곤 한다. 그들은 하나님이 우리에게 정보를 잘 전달하지 못하신다는 식으로 말한다. 그러고 싶으신데 잘 안 된다는 것이다. 또 어떤 사람들은 무오성과 관련하여 곤경을 자초하기도 한다. "하나님이 내게 말씀하셨다면 내게 오류가 없지 않겠는가." 그분은 많은 성경 인물들에게 말씀하셨지만 딱 한분만 제외하고는 아무도 무오하지 않았다.

하나님이 개인에게 직접 말씀하실 수 있다는 개념을 우려한 사람들은 성경 시대에도 많이 있었다. 예컨대 사두개인들은 천사와 부활도 믿지 않았고, 하나님이 모세에게 말씀하신 것을 마지막으로 더 이상 누구에게도 말씀하지 않으신다고 믿었다! 이런 개념 전체가 그들을 불안에 빠뜨렸다(그래서 그들은 침울했다).

무엇을 듣는가 시험하라

"하나님이 내게 말씀하셨다"며 뭔가 이상한 일을 하는 사람들을 우리는 마땅히 우려해야 한다. 성경을 법전으로 이해하는 사람들도 우려의 대상이다. 어떤 예언도 사사로이 풀어서는 안 된다. 하나님이 다른 사람에게도 똑같이 말씀하지 않으신 이상 나는 하나님의 음성을 들었다고 떠벌리는 사람을 결코 믿지 않는다. 우리 가정에서도 그것을 실천한다. 나는 결코 제인에게 "여보, 하나님이 내게 말씀하셨으니 우리는 이렇게 할 겁니다"라고 말하지 않는다. 대신 아내에게 "하나님이 당신에게 뭐라고 말씀하셨소?"라고 묻는다.

세 가지 등불

당신이 무엇을 듣는가 시험할 수 있는 한 가지 방법은 프레더릭 B. 마이어(Frederick B. Meyer)의 책 『주님의 인도하심의 비밀』(The Secret of Guidance)에 나오는 "세 가지 등불"을 활용하는 것이다. 그것은 환경, 성령의 감화, 성경 본문이다. 릭 워렌(Rick Warren)은 여기에 "기독교적 조언이 주는 경건한 지혜"라는 네 번째 기준을 덧붙였다. 마이어는 이렇게 말한다.

159

하나님과 함께하는 삶과 행동

안으로 하나님의 감화와 밖으로 그분의 말씀은 언제나 그분의 환경적 섭리를 통해 확증된다. 이 셋이 하나로 수렴될 때까지 조용히 기다려야 한다.……어찌할 바를 모르겠거든 알 때까지 가만히 있으라. 행동할 때가 되면 환경이 당신의 길을 밝혀 줄 것이다. 땅속에서 희미한 빛을 내는 유충처럼 말이다. 하나님의 세 증인이 일치되면 당신이 옳다는 확신이 너무도 깊어 설령 천사가 부른다 해도 그보다 더 확실할 수는 없다.[2]

당신이 듣는 내용과 주변 사람들이 들었다고 말하는 내용을 시험하라. 무엇을 듣는가 시험하는 문제는 내 책 『하나님의 음성』(Hearing God)에 자세히 논한 바 있다.[3] 간단히 말해서 당신이 듣는 내용을 검증하는 최종 기준은 그것이 성경과 일치하는지 여부다. 물론 당신이 성경에 이미 나와 있는 가르침조차 행할 마음이 없다면 "주여, 더 말씀하여 주소서"라는 말은 별 의미가 없다. 그러므로 성경과 비교하는 일은 메시지의 내용만 아니라 우리의 심령을 시험하는 최종 기준이기도 하다. 우선 성경에 나와 있는 부분부터 우리가 순종하고 있는지 이를 통해 알 수 있다.

하나님과의 인격적 관계는 엄연한 실재다

하나님으로부터 메시지를 듣는 일에 이렇듯 신중한 주의가 필요하긴 하지만, 그렇다고 인격적 하나님이 개인에게 친밀하게 말씀하신다는 그 실재 자체를 무시해서는 안 된다. 바로 이것이 사람들에게 희망을 준다. 이것 때문에 그들은 하나님이 그분의 손안에 있는 자신을 결코 놓지 않으신다는 온전한 확신 가운데 모든 시련과 죽음에조차 맞설 수 있다. "영생은 곧 유일하신 참 하나님과 그가 보내신 자 예수 그리스도를 아는 것이니이다"(요 17:3). 이 지식은 인격적 지식이다.

우리가 하나님과의 인격적 관계를 누리려면, 아직 그것을 경험하지 못한 사람들이 표하는 여러 우려를 수용해야 한다. 이 문제에 접근할 때 인식해야 할 것은, 아직 믿음이 없는 사람들을 대할 때 우리의 변증이 논증의 차원을 벗어나 일상적 **경험**의 영역으로 나아가야 한다는 점이다. 그러므로 이 시점에서 기독교적 변증이 주로 할 일은 그리스도인들을 도와 하나님과의 매일의 인격적 교류에 대한 혼란이나 회의를 극복하게 하는 일이다.

이것은 어려운 일이다. 우리 각 사람을 시험대에 세우기 때문이다. 예컨대 당신은 내가 사역자로서 하나님과 어느 정도 친한 사이여야 한다고 생각되지 않는가? 사역자라면 누구나 그래야 하지 않겠는가? 당신은 우리가 하나님께 이따금씩 말씀드려야 하고, 또 앞서 보았듯이 그분 쪽에서도 우리에게 이따금씩 말씀하실 거라고 생각되지 않는가? 분명히 당신은 사역자와 하나님 사이에 뭔가 직접적이고 인격적인 교제가 있으리라 예상할 것이다. 대부분의 그리스도인들은 사역자뿐만 아니라 모든 구속받은 사람도 그래야 한다고 믿을 것이다. 그렇지 않은가? 이는 우리의 신앙생활이 정말 무엇으로 이루어지는가에 관한 문제다. 간단히 말해서 신앙생활은 하나님이 말씀을 통해서만이 아니라 직접적으로 우리에게 말씀하시고, 우리가 그분께 말씀드리고, 마지막으로 그분과 우리가 **함께** 대화하는 것으로 이루어진다. 사랑하는 하나님과 기도로 대화할 때 우리는 그분께 소원과 필요와 욕심을 늘어놓는 데서 벗어나 그분과의 더 깊은 대화로 들어가야 한다. 그분의 세상에서 그분과 협력하고 있는 일들에 대해 나누어야 한다.

우리와 하나님의 교류

하나님과 대화하고 **협력한다**는 개념에 접근할 때는 우리가 인격적 우주에 살고 있음을 상기해야 한다. 세상만사는 하나님의 인격적 행위를 통해 지탱된다. 예컨대 예수는 바다 물결을 향해 명하셨다. 바다 물결이 하나님의 인격적 말씀으로 지탱되고 있음을 모른다면 당신은 물결이 그분의 음성에 순종할 까닭이 무엇인지 의아할 것이다. 무슨 말인지 알겠는가? 수많은 사람들이 기도를 힘들어하는 것도 그래서다. 자신의 기도가 하나님과 아무런 본질적 관계가 없다고 생각하기 때문이다. 적어도 그들에게 의미 있게 느껴지는 연관성은 없다.

그래서 이제 우리는 역사 속에서 자신에게 주어진 시간과 공간을 구속할 목적으로 하나님과의 인격적 교류라는 문제를 생각해야 한다. 에베소서 5:16에 보면 "때가 악하므로 시간을 구속하라"(KJV)고 했다. 시간을 어떻게 구속할 것인가? 당신이 생각하는 방법은 무엇인가? 답은 당신의 자리에서 하나님과 교류하는 것이다.

예수는 "너희는 세상의 소금이니……너희는 세상의 빛이라"고 하셨다(마 5:13-14). 당신이라는 개인은 시간과 공간을 통과하고 있으며, 당신 외에 그 똑같은 시간과 공간을 지나갈 사람은 전무하다. 시간과 공간을 통과하면서 당신은 다른 사람들이나 사건들과 관계를 맺는데, 이때 당신이 할 일은 자신의 자리에서 하나님의 은혜와 영광을 드러내는 것이다.

하지만 하나님과 관계를 맺지 않은 사람들은 그분과 단절된 상태로 각자의 시간과 공간을 통과해야 한다. 그들에게 있는 자원이라고는 자신의 힘과 머리뿐이며, 그래서 그들은 지금과 같은 행동을 보이는 것이다. 요즘 윤리에 대해 온통 시끄러운데 이는 새삼스러운 일이 아니다. 성경에도 윤리에 대한 말이 많이 나온다. 사람들은 왜 지금과 같이 행동하는가? 하나님과 단절되어 있기 때문이다. 성경은 이런 상태를 가리켜 **부패**(**타락**)라고 한다. 생명체를 생명의 근원과 단절시키면 부패가 발생한다. 양배추를 뽑아 몇 주 동안 툇마루에 두면 어떻게 될까? 죽어서 썩는다. 더 오래 두면 아예 바스러져 먼지가 된다. 그것이 부패다.

천국에 태어나면 새 생명을 받는다. 이 생명은 하나님과 교류하는 삶이다. 당신은 생각과 감정을 하나님 쪽으로 돌리고, 바울의 말처럼 당신의 애정을 땅의 것이 아니라 위의 것에 둔다(골 3:2). 바울은 골로새서 3장과 로마서 8장에 성령의 생각에 대해 말했고, 갈라디아서 6장에는 각각 육체와 성령을 위하여 심는 삶에 대해 말했다. "육체를 위하여 심는 자"는 무엇을 거두는가? "썩어질 것"을 거둔다(갈 6:8). 왜 그런가? 육체 자체는 당연히 죽기 때문이다. 육체는 본래 하나님과 연합하여 살도록 되어 있다. 하나님이 그 안에 내주하시도록 되어 있다. 성령을 위하여 심는 당신은 영생을 거두며, 그런 삶은 썩지 않고 계속된다.

시편 23편의 삶

잠시 후에 우리는 예수께서 "기도와 말"에 대해 가르치신 구절들을 살펴볼 텐데, 그것이 약간 불편하게 느껴질 수 있다. 이 구절들과 기타 비슷한 구절들은 마치 수류탄과도 같아서 설교자들이 청중에게 그것을 던지기만 하면 모두들 숨기에 바쁘다. 당신이 기꺼이 긴장을 감수했으면 좋겠다. 어차피 천국의 삶을 배우려면 긴장과 당황이 자주 뒤따른다. 본문들을 보면 알겠지만 제자들은 뭔가를 하려다가 역부족이라 스스로 당황하기 일쑤였다. 또 그들은 예수께서 아주 자연스럽게 하시는 일들에 충격을 받기도 했다. 믿음은 흔히 사람들의 자연스러운 행동으로 표현된다. 그들에게서 표현되는 믿음에는 일상적 느낌이 있다.

어느 노령의 설교자가 이런 말을 했다. "얄팍한 것을 두껍게 만들려면 소리라도 크게 질러야 한다." 도처에 고성이 난무하는 이유는 사람들의 믿음이 약하기 때문이다. 엘리야가 갈멜 산에서 바알의 선지자 사백 명과 맞선 이야기에 보면, 오전 내내 바알의 응답을 구하며 울부짖은 그들에게 엘리야가 이렇게 말한다. "소리를 더 크게 지르라. 그가 묵상 중인지 길을 떠났는지 잠들었는지 모르니 더 악을 쓰라!"(왕상 18:27, 풀어쓴 표현). 그러므로 우리는 악을 쓸 필요가 없다. 자연스러움은 하나님과 우리의 교류가 확실하다는 증거이며, 그분의 통치는 하늘로부터 지금 여기에 임해 있다.

시편 23편 같은 본문들에서 자연스러운 확신을 볼 수 있다. 이런 본문들을 우리의 실생활과 연결시켜 묵상해야 한다. "여호와는 나의 목자시니 내게 부족함이 없으리로다." 거기서 잠시 멈추어 생각해 보라. 오늘 당신은 하루 종일 부족함이 없이 지낼 것이다. 분명히 오늘은 다를 것이다. 그렇지 않은가? 분명히 본문에 그렇게 되어 있다. 신약의 다른 본문들도 있다. "나의 하나님이 그리스도 예수 안에서 영광 가운데 그 풍성한 대로 너희 모든 쓸 것을 채우시리라"(빌 4:19). 이것은 사실인가? 아니면 우리는 이 듣기 좋은 말로 노래나 하나 더 지어야 하는가? "나의 하나님이 나의 모든 쓸 것을 채우시리라"고 말이다. 어쨌든 이제 당신의 머릿속에는 그것이 들어왔다. 하지만 당신의 마음과 삶 속에 있는 것은 무엇인가?

이번 장의 목표는 그 질문을 그리스도인으로서 당신 자신에게 집중적으로 던지는 것이다. 당신이 끊임없는 교류를 확신하며 이렇게 고백하기를 바란다. "이것이 사실이자 나의 경험이기에 '여호와는 나의 목자시니 내게 부족함이 없으리로다. 그가 나를 푸른 풀밭에 누이시며 쉴 만한 물가로 인도하시는도다. 내 영혼을 소생시키시고 자기 이름을 위하여 의의 길로 인도하시는도다. 내가 사망의 음침한 골짜기로 다닐지라도 해를 두려워하지 않을 것은.'" 오늘 당신은 해를 두려워하지 않을 것이다. 오늘 하루도 새로운 날이 될 것이다. "해를 두려워하지 않을 것은 주께서 나와 함께하심이라." 이는 우리가 당연히 알아야 할 삶이 아니겠는가? 그것을 당연히 아는 이유는 우리가 하나님을 신뢰할 때 그분의 임재가 실제로 우리 삶을 변화시키기 때문이다. "주의 지팡이와 막대기가 나를 안위하시나이다." 지팡이와 막대기는 경험에서 나온 표현이 아니겠는가? "주께서 내 원수의 목전에서 내게 상을 차려 주시고 기름을 내 머리에 부으셨으니 내 잔이 넘치나이다. 내 평생에 선하심과 인자하심이 반드시 나를 따르리니 내가 여호와의 집에 영원히 살리로다."

시편 23편은 장례식에서 외우라고 있는 게 아니다. 오늘날 우리들의 교회에 문제가 하나 있다. 성경에 하나님과 교류하며 사는 법을 익힌 사람들의 솔직한 체험이 숱하게 기록되어 있는데, 그 놀라운 진술들이 정작 그것을 조금도 믿지 않는 사람들에게 의식(儀式) 상의 주문처럼 인용되고 있다는 것이다. 믿지도 않으면서 인용이라도 하는 이유는 그들이 죽도록 두렵기 때문이다! 그들의 삶에는 하나님의 인격적 손길이라고 확신할 만한 일이 한 번도 일어난 적이 없다. 그리하여 이런 구절들은 생기를 잃는다. 내일 하루 당신의 삶 속에 시편 23편을 품고 들어가 보라. 이것은 우리와 함께하시는 주님의 임재다.

이번에는 히브리서 13:5-6의 본문을 생각해 보자.

> 그가 친히 말씀하시기를 "내가 결코 너희를 버리지 아니하고 너희를 떠나지 아니하리라" 하셨느니라. 그러므로 우리가 담대히 말하되 "주는 나를 돕는 이시니 내가 무서워하지 아니하겠노라. 사람이 내게 어찌하리요" 하노라.

하나님의 임재가 이야기의 전부다. 우리와 우리에게 임재하시는 하나님의 이 교류야말로 언제나 부활의 진짜 핵심이다. 부활의 의미는 단지 예수께서 승리하셨다는 게 아니라 지금 그분이 우리와 **함께 사신다**는 것이다. 그렇다면 이 삶은 어떻게 이루어지는가? 말을 통해 이루어진다. 하나님 나라는 말을 통해 이루어진다. 지금 우리가 다루고 있는 실재가 속속들이 인격적인 실재임을 잊지 말라. 우리는 당신이 앉아 있는 의자를 비롯해서 모든 것들이 독립적 존재라고 믿도록 세뇌 교육을 받았으나, 사실 그것들은 저절로 지탱되는 게 아니다. 그것들은 모두 하나님의 뜻과 말씀에 항상 종속되어 있다. 이것이 믿음이다! 시편 23편의 믿음이다.

"내가 믿는 자를 내가 알고 또한 내가 의탁한 것을 그날까지 그가 능히 지키실 줄을 확신함이라"(딤후 1:12). 바울의 이런 고백은 경험에서 우러난 것이다. 그리고 그 경험은 그와 하나님의 만남의 산물이자 하나님의 손길이 자신의 삶 속에 머물고 있다는 일상적 지식의 산물이다.

기도와 말

기도와 말은 우리 입에서 나오는 두 종류의 발화(發話)로 신약의 다음 이야기들에서 그 예를 볼 수 있다. 마태복음 8:5-13의 경우 어떤 사람이 예수의 활동을 관찰하면서 그분의 어떤 일면을 인식했다. 아래 구절들을 읽어 나가면서 그가 인식한 것이 무엇인지 당신의 머릿속에 정리해 보라.

> 예수께서 가버나움에 들어가시니 한 백부장(로마의 장교)이 나아와 간구하여 이르되 "주여, 내 하인이 중풍병으로 집에 누워 몹시 괴로워하나이다." 이르시되 "내가 가서 고쳐 주리라"(5-7절).

예수는 우리가 살고 있는 우주가 완벽하게 이치에 맞는 곳임을 아신다. 뭔가 무질서가 있다면 그것은 고쳐질 수 있다. 그래서 그분은 일하신다. 여기서도 그분은 아버지와 함께 일하러 가려 하신다.

> 백부장이 대답하여 이르되 "주여, 내 집에 들어오심을 나는 감당하지 못하겠사오니 다만 말씀으로만 하옵소서"(8절).

"다만 말씀으로만 하옵소서." 이것은 인격적인 나라이며, 이 사람은 말의 위력을 알고 있다.

> "말씀으로만 하옵소서. 그러면 내 하인이 낫겠사옵나이다. 나도
> 남의 수하[권위 아래]에 있는 사람이요"(8절).

그것이 열쇠다. 이 사람은 권위 있는 말을 이미 경험했다.

백부장은 권위가 있었으므로 수하의 군사들에게 "가라" 하면 그들이 갔다(9절). 하지만 길가의 아무나 끼어들어 군사에게 가라고 명한다면 어떻게 될까? 아무 일도 일어나지 않는다! 오히려 그 사람은 곤욕을 치를 수도 있다. 백부장은 권한의 의미를 알았다. 권한을 가진 사람이 명령을 내리면 즉시 결과가 나타난다. 마찬가지로 그는 예수께서 말씀하실 때도 결과가 나타나는 것을 이미 목격했다. 실제로 일이 벌어졌던 것이다. 이것이 인격적인 나라에서 일이 이루어지는 방식이다.

말 자체에 마법이 있는 것은 아니지만 말이 하나님 나라에 맞아떨어지면 위력을 발한다. 백부장의 유추(9절)는 사실상 예수의 권위에 대한 증언인데, 예수께서 이를 들으시고 그에게 뭐라고 말씀하시는지 보라. 그분은 돌아서서 이런 식으로 말씀하신다. "모두 들으라. 이 사람이 방금 한 일을 잘 보라." 이 말씀의 대상은 제자들이다. 로마인들이 아니라 유대인들이다. 하나님 나라에 대해 당연히 알고 있어야 할 **유대인들**이다. 그분은 그들을 적잖이 실의에 **빠뜨릴** 말씀을 하신다.

이스라엘 중 아무에게서도 이만한 믿음을 보지 못하였노라. 또 너희에게 이르노니 동서로부터 많은 사람이 이르러 아브라함과 이삭과 야곱과 함께 천국에 앉으려니와 [예수 시대까지 존재했던] 그 나라의 본 자손들은 바깥 어두운 데 쫓겨나(10-12절).

그 자리에서 바로 그분의 목숨을 앗아갈 수도 있는 발언이었다. 하지만 보다시피 예수는 믿음에 대해 말씀하셨다. 그분은 이사야의 가르침을 아시고 직접 인용하셨다. "이 백성이 입술로는 나를 공경하되 마음은 내게서 멀도다"(마 15:8). 일면 진지한 그리스도인들에게서 그런 모습을 보면 아주 슬프다. 그들도 말을 하지만 사실 그들의 마음은 하나님만 빼고 다른 모든 것들로 향해 있다. 누구를 불쾌하게 할 뜻은 없지만, 믿음이란 우리 마음을 하나님께 집중하는 것임을 알아야 한다. 위의 사례에서 그것을 볼 수 있다.

무화과나무의 운명

기도와 말의 또 다른 좋은 예는 마가복음 11:12-14, 20-24에 나온다. 시점은 예수께서 십자가에 달리실 때에 더 가까워졌고, 그분은 베다니에서 예루살렘으로 들어가시던 길이었다.

멀리서 잎사귀 있는 한 무화과나무를 보시고 혹 그 나무에 무엇이 있을까 하여 가셨더니 가서 보신즉 잎사귀 외에 아무것도 없더라.……예수께서 나무에게 말씀하여 이르시되 "이제부터 영원토록 사람이 네게서 열매를 따 먹지 못하리라" 하시니 제자들이 이를 듣더라(13-14절).

(철학자 버트런드 러셀[Bertrand Russell]은 이 이야기를 근거로 예수가 정말 나쁜 사람이라고 말했다. 성질이 급해서 홧김에 그냥 "저 나무는 저주를 받을지어다!"라고 말했다는 것이다. 하지만 내가 알기로 이 나무는 잎이 있을 때 무화과도 열렸어야 하는 종류였다. 그러니 거기에 연연하지 말고 그냥 넘어가자.)

이튿날 아침에 그들은 다시 예루살렘으로 가다가 무화과나무가 "뿌리째 마른 것"을 보았다(20절). 나무는 그냥 죽은 게 아니라 뿌리까지 바짝 말라 있었다. 말라 죽은 나무였다. 이것이 인격적 우주이며 그 무화과나무도 하나님의 인격적 뜻과 행동을 통해 지탱됨을 잊지 말라. 나무는 권위 있는 말에 반응했다. 예수는 베드로에게 이렇게 말씀하실 필요가 없었다. "마리아와 마르다의 집으로 다시 돌아가 전기톱을 가져오라. 이 나무를 베어 버리자!"

나무에게 벌어진 일을 본 제자들에게 예수는 이렇게 말씀하셨다.

> 하나님을 믿으라. 내가 진실로 너희에게 이르노니 누구든지 이
> 산더러 들리어 바다에 던져지라 하며 그 말하는 것이 이루어질
> 줄 믿고 마음에 의심하지 아니하면 그대로 되리라. 그러므로 내
> 가 너희에게 말하노니 무엇이든지 기도하고 구하는 것은 받은
> 줄로 믿으라. 그리하면 너희에게 그대로 되리라(22-24절).

이 본문의 한 가지 이점은 기도와 말이 결국 같은 것임을 우리에게 알려 준다는 사실이다. 기도와 말은 하나의 연속선을 이룬다.

기도할 때와 말할 때

마가복음 9:14-29을 보면 기도하는 게 적절할 때가 있고 말하는 게 적절할 때가 있음을 알 수 있다. 예수께서 변화산에 올라가 계신 동안 어떤 사람이 제자들에게 귀신 들린 아들을 데려온 이야기다. 예수께서 돌아오시자 아이의 아버지는 그분께 제자들이 능히 귀신을 쫓아내지 못하더라고 말했다. 예수는 "믿음이 없는 세대여 [믿음이 없는 아기들이여], 내가 얼마나 너희와 함께 있으며"라고 하신 뒤 귀신을 쫓아내셨다(19절). 그런데 나중에,

> 집에 들어가시매 제자들이 조용히 묻자오되 "우리는 어찌하여 능히 그 귀신을 쫓아내지 못하였나이까." 이르시되 "기도[와 금식, NRSV] 외에 다른 것으로는 이런 종류가 나갈 수 없느니라" 하시니라(28-29절).

하지만 그분은 그때 기도와 금식을 하신 게 아니라 온통 일에 열중하고 계셨다.

기도할 때 우리는 그저 하나님을 상대로 여기저기에 뭔가를 부어 달라고 구하는 게 아니라 또한 기도 제목인 "그것"과의 관계 속에 들어간다. 우리는 하나님의 뜻이 땅 위에 이루어지기를 원하는 마음으로 그분께 그것에 대해 말씀드린다. 그분의 이름으로 살아갈 능력을 받으면 우리는 하나님을 의지하는 가운데 그것에게 직접 명할 수도 있다. 어느 경우든 동일한 삼각구도다. 우리의 확신과 권위가 어디에 있느냐에 따라 우리는 기도할 수도 있고 말할 수도 있다. 기도와 말은 연결되어 있다.

그 이름의 능력

"예수의 이름으로"라는 핵심 문구를 당신이 확실히 깨닫고 이와 관련된 성경의 많은 예를 알았으면 좋겠다. 요한복음 16장에 예수는 제자들에게 이렇게 말씀하셨다.

> 너희가 무엇이든지 아버지께 구하는 것을 내 이름으로 주시리라. 지금까지는 너희가 내 이름으로 아무것도 구하지 아니하였으나 구하라. 그리하면 받으리니 너희 기쁨이 충만하리라(23-24절).

그전에 요한복음 15장에 그분은 그들이 가지로서 포도나무이신 그분 안에 거해야 한다며 이런 말씀을 주셨다.

> 너희가 내 안에 거하고 내 말이 너희 안에 거하면 무엇이든지 원하는 대로 구하라. 그리하면 이루리라(7절).

이렇듯 예수는 하나님 나라의 원리에 맞는 새로운 행동 양식을 소개하셨다.

사도행전 3:1-10에서 베드로와 요한이 어떻게 그렇게 살아가는지 보자. 이야기 속의 그들은 기도하러 성전에 올라가던 길이었다. 성전은 사람이 가기에 좋은 곳이다. 2절에 보면 걷지 못하는 사람이 나오는데 그의 일은 미문(美門) 옆에 앉아 구걸하는 것이었다. 3절에 그는 성전에 들어가려는 베드로와 요한을 보고 본업 그대로 적선을 구했다. 그러자 베드로와 요한은 둘 다 시선을 그에게 고정시켰다. 여기서 모든 세부 사항이 흥미롭고 중요하다. 4절에 보면

"베드로가 요한과 더불어 주목"했다. 둘 다 그 사람에게서 눈을 떼지 않았다. 정말 인격적인 모습인데 이는 천국의 일을 하는 데 매우 중요하다. 많은 사람들이 이 부분에서 능력이 부족한 이유는 상대와 정말 통할 수 있는 지점에까지 이르지 못하기 때문이다. 그들은 너무 두렵거나 불안하거나 적대적이다. 또는 내면의 뭔가가 그들을 막아 충분히 사랑하지 못하게 한다.

베드로는 "우리를 보라"고 말했다. 이제 쌍방이 서로를 주목한다. 이것이 진정한 인격적 만남이다. 베드로의 말은 이렇게 이어진다.

은과 금은 내게 없거니와 내게 있는 이것을 네게 주노니……(6절).

사실 베드로에게는 이미 뭔가가 있지 않았을까? 자신도 그렇게 생각하지 않았던가? 그는 지금 당장 자신에게 그것이 있다고 생각했다. 그것은 곧 경험이 아닐까? 경험은 어디에 있었을까? 그의 몸 안에 있었다. 당신의 몸이 성령의 전이라는 말을 들어 보았는가? 그 말은 정말 그런 의미일까, 아니면 그냥 노래에나 들어갈 듣기 좋은 말일까?

베드로는 자신에게 뭔가가 있음을 알았다. 주머니를 더듬어 보니 은이나 금은 없었다(당시에 입던 긴 겉옷에도 주머니가 있었을까?). 하지만 자신도 알았듯이 그에게는 무언가 있었다. 세상에서 가장 귀한 것이었다! 분명히 그는 이것을 예수께로부터 배웠다.

내게 있는 이것을 네게 주노니 나사렛 예수 그리스도의 이름으로……(6절).

그는 이 말을 왜 했는가? 그것이 자신의 **권위**이기 때문이다. 권위는 그분의 이름에 있다.

베드로가 준 선물은 무엇인가? "일어나 걸으라"(6절). 하지만 베드로는 거기서 끝나지 않았다. 세부 사항을 계속 보면 정말 당황스러운 장면이 연출된다. 베드로는 걷지 못하는 사람의 손을 잡아 벌떡 일으켰다(7절). 신약을 현실적으로─현장에 전개되는 심리학, 문화, 사회학, 인간의 사건에 주목하며─공부하면 거의 모든 기적의 경우에 누군가가 뭔가를 했다는 사실이 눈에 띈다. 그들은 그냥 가만히 서서 하나님이 행동하시기를 기다렸다가 그제야 자신의 의중을 알린 게 아니다. 왜 그런지 아는가? 그들에게 믿음이 있었기 때문이다. 그들은 또 자신을 시험대에 세울 용의도 있었다. 베드로는 이렇게 자신을 시험대에 세웠다.

오른손을 잡아 일으키니 발과 발목이 곧 힘을 얻고(7절).

궁극의 변증

궁극의 변증─곧 회의를 없애는 궁극의 방법─은 신자가 하나님과 교류하는 삶 속에서 믿음으로 행동하는 것이다. 바로 그것이다. 사람들은 날마다 천국과 교류하며 살아가는 개인을 볼 필요가 있다. 그 교류는 기도와 말을 통해 이루어진다. 회의를 정말 공략하고 싶다면 우리가 공략해야 할 것은 선뜻 나서지 못하고 주저하는 자신의 마음이다. 거기에 이렇게 반응하지 말라. "하지만 나는 바보 취급을 당할까 봐 두렵다!" 최악의 바보는 바보처럼 보일까 봐 두려워 아무것도 하지 않는 사람이다. 그것이 그 사람의 믿음을 증언해 줌은 물론이다. 제자들은 적어도 바보가 될 의향은 있었다. 그렇지 않은가? 그들은 모험에 나섰다가 실패하여 처참하게 무너졌다. 그 교훈을 군이 외우려 할 필요조차 없었다. 외우지 않아도 알았다. 삶이란 그런 것이며 고통은 훌륭한 스승이다.

우리가 변증을 통해 해야 할 가장 중요한 일은, 위대하신 목자와 개인의 진정한 교류를 정말 확신하지 못하는 사람들도 그 교류의 이치를 깨닫고 감화를 받아 실험에 나서도록 그들을 가르치고 이끌어 주는 것이다. 그렇게 그들이 무엇인가를 시도하면 거기서 하나님이 그들을 만나 주신다. 만남이 이루어졌을 때 "그냥 우연이다"라고 말하지 않도록 그들을 설득해야 한다. 하나님은 그들이 그분을 얼마나 간절히 원하는지 알고자 하신다. 어떤 사람들은 한두 걸음 내딛었다가 하나님이 만나 주시면 그것을 "우연"이라 부르는데 그러면 믿음이 결코 본궤도에 오르지 못한다. 그들은 왜 그렇게 말할까? 잘 속는 미련한 사람처럼 보이고 싶지 않아서다.

믿음의 사람 아브라함은 갈 바를 알지 못하고 나아갔다. 이것이 맹목적 믿음의 비약이 아님은 아브라함이 하나님을 알았기 때문이다. 그는 하나님을 알았다. 어디로 가야 할지는 몰랐지만 자신이 하나님과 함께 가고 있음을 알았다. 천국을 알면 그렇게 된다. 우리가 이런 생각들을 다른 신자들에게 나누면 그들도 마음이 열려 믿음과 소망과 비전과 행위의 새로운 차원을 볼 수 있다. 그리하여 위에 소개한 성경 말씀들을 읽는 눈이 새로워져 하나님 나라의 생활 방식을 보게 된다. 이렇게 우리는 믿음으로 발걸음을 내딛을 뿐 아니라 다른 사람들도 합류하도록 초대할 수 있다.

하나님의 집에 들어가려는 사람들은 우선 그 들어가는 행위의 필요성부터 인정하는 게 당연한 첫걸음이다. 그들은 아직 그 집의 가족이 아니다. 자신에게 하나님의 집에 들어갈 권리가 있다고 착각하는 사람은 아무도 들어갈 수 없다. 들어가는 사람은 누구나 "하나님의 은혜"(*Dei gratia*)로 들어간다. 그 집의 가장이신 하나님 아버지의 자비로 들어간다. 이 법칙에는 예외가 없다. 그러므로 깊은 겸손이 그곳에 들어가는 선결 조건이다. 하지만 일단 들어가면 거기에 참 삶이 있다. 들어가는 사람들은 자신이 사랑받는다는 의미와 모든 사람을 향해 사랑—감정이 아니라 사랑—으로 충만해진다는 의미를 마침내 깨닫기 때문이다. 상대가 하나님의 가족이 아니어도 사랑하게 된다. 다른 태도들과 덕목들처럼 사랑도 가르쳐지는 게 아니라 옮을 수 있을 뿐이다. 사람들에게 사랑해야 한다고 가르칠 수는 있어도 **사랑 자체**를 가르칠 수는 없다. 그러나 하나님의 집에 들어가는 사람들은 그분의 "병"인 사랑, 인내, 온유함 등에 감염될 수 있다.

일단 이 집에 들어가면 이전에 보이지 않던 많은 것들이 보인다. 우선 그동안 자신이 자신에 대한 불쾌한 사실들을 회피하는 데 많은 시간을 들였음을 알게 된다. 특히 다른 사람들의 사랑을 탐하고 요구하는 게 지극히 터무니없는 일이라는 사실도 빼놓을 수 없다. 또한 그간의 많은 실망과 시련이 자신의 유익을 위한 것이었으며, 어떤 실망은 자신의 큰 실책 때문이었다는 것도 알게 된다.

우리는 전통적 변증—반론을 가정하고 그에 대한 논증을 제시하는 일—을 넘어 이런 과정을 통해 사람들을 끝까지 도와야 한다. 우리는 가르치는 자세를 취해야 하지만 거기에는 지식에 도달하기 위한 질문, 소통하려는 의지, 함께 발견하고 이해하려는 자세 등이 전제되어야 한다. 이는 사람들과 더불어 살아가는 공동체의 자연스럽고 필수적인 부분이다. 그러므로 가르치는 자세를 늘 잃지 말고 예수의 온유한 태도로 주변 사람들을 대하라. 당신이 그렇게 하면 변증 활동을 수행하는 모든 사람에게 정말 도움이 될 것이다.

은혜로우신 주여, 우리를 주의 나라 안으로 이끌어 주셔서 감사합니다. 가정이나 직장이나 여가에서 우리의 자리가 어디이든 주의 나라의 통치 아래 있음을 알게 하시니 감사합니다. 무슨 일이 벌어지든 천국이 우리를 덮고 있으며 우리 하나님이 통치하시니 감사합니다. 주여, 단순하고 겸손하고 사려 깊게 사람들의 말을 경청하고 그들도 우리에게 생명을 주신 분을 믿도록 그들을 잘 돕게 하소서. 예수님의 이름으로 기도합니다. 아멘.

감사의 말

책을 쓰고 나니 감사할 분들이 참 많다. 우선 한 수수한 철학자를 초청하여 기독교적 변증에 대해 대화할 수 있게 해준 그레이스 교회의 교역자들과 교인들에게 감사한다. 책을 출간하는 과정을 지도하고 응원해 준 나의 아버지에게 감사한다. 덕분에 훨씬 많은 청중이 유익을 누릴 수 있게 되었다.

많은 우여곡절 끝에 책이 나오기까지 한결같이 인내하며 격려해 준 제인 윌라드, 마이클 모들린, 빌 히틀리, 라리사 히틀리에게 깊이 감사한다. 강연 테이프를 글로 풀어내느라 수고한 알렉산더 러매스커스, 실력과 통찰력을 발휘해 준 두 편집자 마이클 모들린과 엘사 딕슨에게 감사한다.

특히 J. P. 모어랜드, 조 고라, 빌 히틀리를 비롯하여 달라스의 여러 친구들과 이전의 제자들도 수시로 조언을 베풀어 주었다. 프랭크 패스토어와 존 오트버그는 평소에 늘 하던 대로 달라스에게 정말 좋은 질문들을 던지는 것으로 공헌해 주었다.

깊은 기독교 신앙과 유산을 몸소 실천하고 내게 전수해 준 나의 부모에게 영원히 감사한다. 나와 우리 가족과 우리의 수고를 참으로 신실하게 하나님의 보좌 앞에 올려 주는 성경 공부 가족들의 사랑과 기도에도 감사한다.

무엇보다 말로 다할 수 없는 선물을 주신 하나님께 감사드린다!

레베카 윌라드 히틀리

주

머리말

1. 머리말의 일부는 본래 다음 글로 발표되었다. Dallas Willard, "Apologetics in the Manner of Jesus", *Facts for Faith* (Reasons to Believe, 1999). www.reasons.org.
2. 헬라어로 "겸손"이란 단어에는 자신을 낮추는 마음, 자신이 도덕적으로 작고 부족하고 미천하며 생각이 보잘것없다는 깊은 의식이 담겨 있다.

1. 그리스도를 위한 사고(思考)의 출발

1. 천국의 "하늘들"은 복수로 되어 있다. 이는 하나님을 신뢰하고 섬기는 사람들에게 그분이 직접 임재하심을 가장 정확히 담아낸 표현이다. 아무것도―그 어떤 인간이나 제도나 시간이나 공간이나 영적 존재나 사건도―하나님과 그분을 섬기는 사람들 사이를 가로막을 수 없다. "하늘들"은 어떤 상황에서도 늘 당신 곁에 있으며, 성경 용어로 "첫째 하늘"은 정확히 당신의 몸을 둘러싸고 있는 대기나 공중을 가리킨다. 우리 바로 주변의 그 공간에서 하나님은 바라보시고 행동하신다. 이 문구에 대한 더 충분한 논의는 다음 책을 참조하라. Dallas Willard, *The Divine Conspiracy: Rediscovering Our Hidden Life in God* (San Francisco: HarperSanFrancisco, 1998), 67-68. (『하나님의 모략』 복 있는 사람)

2. Jane Wagner, *The Search for Signs of Intelligent Life in the Universe*, 개정판(New York: Harper Perennial, 1991), 18.

3. Willard, *The Divine Conspiracy*. 같은 저자, *Renovation of the Heart: Putting on the Character of Christ*(Colorado Springs: NavPress, 2002). (『마음의 혁신』 복 있는 사람)

2. 신약의 변증 헌장

1. Richard Robinson, *An Atheist's Values*(Oxford: Clarendon, 1964), 120.

2. 다음 책을 참조하라. J. P. Moreland, *Love Your God with All Your Mind: The Role of Reason in the Life of the Soul*, 개정판(Colorado Springs: NavPress, 2012). (『그리스도를 향하는 지성』 죠이선교회출판부)

3. 성경적 변증

1. John Stott, *Your Mind Matters*(Downers Grove, IL: InterVarsity, 2006), 37. (『생각하는 그리스도인』 IVP)

2. 같은 책, 38. 다음 책에서 인용했다. D. Martyn Lloyd-Jones, *Studies in the Sermon on the Mount*(Grand Rapids, MI: Eerdmans, 1960), 129-130. (『산상설교집』 정경사)

3. Joseph Glanvill(1636-1680). 다음 책에 인용되어 있다. Andrew Martin Fairbairn, *The Philosophy of the Christian Religion*(London: Hodder and Stoughton, 1903), ii.

4. 베서머 전로란 강철을 제조할 때 쓰는 커다란 타원형 용기다. 핵심 원리는 용해된 철 속에 바람을 쏘여 산화를 통해 철의 불순물을 제거하는 것이다. 산화는 또한 철 덩이의 온도를 높여 용해 상태를 유지시킨다.

5. A. B. Bruce, *Apologetics, or, Christianity Defensively Stated*, 제3판 (Edinburgh: International Theological Library, 1905), 37.

6. Charles Finney, *Revival Lectures*(Old Tappan, NJ: Revell, 연도 미상),
   201. (『찰스 피니의 부흥론』 생명의말씀사)

4. 믿음과 이성

1. Epictetus, *Works*, Carter-Higginson 번역, 요약판 제1권, 16장.

2. George Fox, *The Journal of George Fox*, Everyman's Library(London:
   Dent, 1948), 15. (『조지 폭스의 일기』 크리스천다이제스트)

3. C. S. Lewis, *The Abolition of Man*(London: Oxford Univ. Press,
   1943). (『인간 폐지』 홍성사)

4. 지옥이라는 주제와 사람이 거기에 도달하는 경위에 대해서는 다음 책에
   자세히 다루었다. Dallas Willard, *Renovation of the Heart: Putting on
   the Character of Christ*(Colorado Springs: NavPress, 2002), 3장. (『마
   음의 혁신』 복 있는 사람)

5. C. S. Lewis, *The Great Divorce*(San Francisco: HarperOne, 2009), 75.
   (『천국과 지옥의 이혼』 홍성사)

6. A. E. Wilder-Smith, *He Who Thinks Has to Believe*(Green Forest,
   AR: New Leaf, 1982).

7. J. L. Mackie, *The Miracle of Theism: Arguments for and Against the
   Existence of God*(New York: Oxford Univ. Press, 1982).

8. Arthur Koestler, *The Sleepwalkers: A History of Man's Changing
   Vision of the Universe*(London: Penguin, 1990).

9. Harry Emerson Fosdick, *Great Voices of the Reformation: An
   Anthology*(New York: Random House, 1952), 122.

5. 하나님과 인류의 소통

1. 연역적 증거나 유추적 증거라는 것도 존재한다. 전제와 결론 사이에 논리

적 함의가 있어야 한다는 기준을 고수한다면 우리 평생의 거의 모든 논증이 무효로 판명날 것이다. 그러면 우리는 그것이 증거가 아니라고 말할 것이고, 그 다음 단계로 그 결론이 참인지 알 수 없다고 말할 것이다(당신이 관심이 있다면 말이다. 나는 당신의 인식론적 성향이 어떠한지 모른다). 이는 그 결론이 거짓이고 전제들만 참이라는 뜻이다. 하지만 분명히 우리의 거의 모든 지식에는 이런 엄격한 요건이 해당되지 않는다. 내가 시내의 건물들을 언급한 이유는 그것이야말로 사람들이 전제에서 참인 결론에 아주 잘 도달하는 경우이기 때문이다. 여기서 우리가 하려는 일은 같은 종류의 기준들을 사람들이 일반 주제에 적용하듯이 우리도 종교라는 주제에 적용하는 것뿐이다. 그러므로 당신이 이 논증으로 자세히 들어가려면 —모든 유추적 논증이나 귀납적 논증의 경우와 마찬가지로— 이 전제들의 결론이 다른 경우들에도 합리적인지 물을 것이다. 완벽하지는 않지만 그게 당신이 취할 방법이다.

2. Thomas O. Chisholm 작사, William M. Runyan 작곡, 1923년. (새찬송가 393장, "오 신실하신 주")

3. Mary A. Lathbury 작사, William F. Sherwin 작곡, "Break Thou the Bread of Life", 1877년. (새찬송가 198장, "주 예수 해변서")

4. 특히 다음 두 책이 있다. F. F. Bruce, *The New Testament Documents: Are They Reliable?*(Grand Rapids, MI: Eerdmans, 2003) (『신약성경 문헌 연구』 생명의말씀사). 같은 저자, *The Defense of the Gospel in the New Testament*(Grand Rapids, MI: Eerdmans, 1981).

5. R. C. Sproul, John Gerstner & Arthur Lindsley, *Classical Apologetics* (Grand Rapids, MI: Zondervan, 1984).

6. 고통과 악의 문제

1. 우리의 세상에서 고통이 차지하는 자리와 역할이 다음 책에 훌륭하게 다루어져 있다. C. S. Lewis, *The Problem of Pain*(San Francisco: HarperOne, 2001). (『고통의 문제』 홍성사)

2. 논증은 두 가지 관점에서 평가된다. (1) 논증의 형식상 모든 부분(전제와 결론)을 제대로 갖추고 있는가? (이때 공식적으로 타당한 논증이란 형식이 옳다는 뜻이다.) (2) 전제의 내용 자체가 참인가?

3. Aldous Huxley, *Brave New World*(Garden City, NY: Doubleday, 1932), 17장. (『멋진 신세계』혜원출판사)

4. 물론 그것이 사실임을 보여주는 기본적 예는 출산이다. 하지만 (운동, 음악, 미술, 학문 등의) 각종 수련, 의료 절차, (소방관, 군인, 경찰, 의사 등의) 직업적 의무 등 다른 것들도 있다. John Ruskin, "Unto This Last", *Cornhill Magazine*, (Dec 1860)에 사회의 복리를 유지하는 핵심 직업들의 정당한 사례가 잘 제시되어 있다. (『나중에 온 이 사람에게도』아인북스)

5. Jeremy Bentham, *Introduction to the Principles of Morals and Legislation*(Oxford: Clarendon, 1907), 1. (『도덕과 입법의 원리 서설』나남)

6. Omar Khayyám, *Rubáiyát of Omar Khayyám: The Astronomer-Poet of Persia*, Edward FitzGerald 번역(New York: Crowell, 1921), 사행시 99. (『루바이야트』민음사)

7. C. S. Lewis, *The Weight of Glory*(San Francisco: HarperOne, 2001), 15. (『영광의 무게』홍성사)

8. Thomas Moore, "Come, Ye Disconsolate", 성가, 1816년. (새찬송가 526장, "목마른 자들아" 1절 네 번째 소절의 원문)

9. David Hume, *Dialogues Concerning Natural Religion*(London: Blackwood and Sons, 1907), 134. "그가 악을 막을 의지는 있으나 능력이 없는가? 그렇다면 그는 무력하다. 능력은 있으나 의지가 없는가? 그렇다면 그는 악하다. 그가 능력도 있고 의지도 있는가? 그렇다면 악이 들어설 자리가 어디인가?" (『자연종교에 관한 대화』나남)

10. 멸시는 분노의 산물로 생각 속에 들러붙어, 상대를 더 이상 인간으로 보지도 않을 정도로 비하하게 만든다.

11. 욕심에 대한 더 자세한 논의는 다음 세 자료를 참조하라. Dallas Willard, "The Spirit Is Willing: The Body As a Tool for Spiritual Growth", *Christian Educator's Handbook on Spiritual Formation*, Kenneth

Gangel & James Wilhoit 편집(Grand Rapids, MI: Baker, 1994). 같은 저자, "Beyond Pornography: Spiritual Formation Studied in a Particular Case"(2008년 9월 탈봇 신학대학원의 "Christian Spirituality and Soul Care" 학회에서 발표된 논문). 같은 저자, *Renovation of the Heart: Putting on the Character of Christ*(Colorado Springs: NavPress, 2002). (『마음의 혁신』 복 있는 사람)

12. Francis Thompson, "The Hound of Heaven", *The Oxford Book of English Mystical Verse*, D. H. S. Nicholson & A. H. E. Lee 편집 (Oxford: Clarendon, 1917), #239.

7. 하나님과 함께하는 삶과 행동

1. Charles A. Miles, "In the Garden", 1913년. (새찬송가 442장, "저 장미꽃 위에 이슬")

2. Frederick B. Meyer, *The Secret of Guidance*(Chicago: Moody, 2010), 28-29. (『주님의 인도하심의 비밀』 생명의말씀사)

3. Dallas Willard, *Hearing God: Developing a Conversational Relationship with God*(Downers Grove, IL: InterVarsity, 1999). (『하나님의 음성』 IVP)

더 깊은 공부를 위한 참고 자료

참고 도서

A. B. Bruce, *Apologetics, or, Christianity Defensively Stated*(Edinburgh: Clark, 1905). 변증이 무엇인가에 대한 탁월한 진술이 서문에 들어 있다.

Augustine of Hippo, *The City of God*. 여러 판이 있다. 다른 종교들과 철학들과 대비하여 기독교를 설명할 목적으로 5세기 초에 집필되었다. (『하나님의 도성』 크리스천다이제스트사)

Bernard Ramm, *Varieties of Christian Apologetics*(Grand Rapids, MI: Baker, 1961).

Bertrand Russell, *Why I Am Not a Christian and Other Essays on Religion and Related Subjects*(New York: Simon & Schuster, 1957). (『나는 왜 기독교인이 아닌가』 사회평론)

Cornelius Van Til, *The Defense of the Faith*(Phillipsburg, NJ: Presbyterian and Reformed, 1980), 특히 5-7장. (『변증학』 개혁주의신학사)

C. S. Lewis. 루이스의 저작을 모두 읽어 볼 것을 권하지만 구체적으로 우리가 힘써야 할 변증의 취지상 *Mere Christianity, The Problem of Pain, The Screwtape Letters, God in the Dock* 등을 적극 추천한다. 모두 여러 판이 있다. (순서대로 『순전한 기독교』『고통의 문제』『스크루테이프의 편지』『피고석의 하나님』 홍성사)

Dallas Willard, *Knowing Christ Today: Why We Can Trust Spiritual Knowledge*(San Francisco: HarperOne, 2009). (『그리스도를 아는 지식』

복 있는 사람)

Dallas Willard, *The Spirit of the Disciplines: Understanding How God Changes Lives*(San Francisco: Harper & Row, 1988). (『영성 훈련』은성)

E. J. Carnell, *An Introduction to Christian Apologetics*(Grand Rapids, MI: Eerdmans, 1948). (『기독교변증학원론』 성지출판사)

Elton Trueblood, *A Place to Stand: A Practical Guide to Christian Faith as a Solid Point from Which to Operate in Contemporary Living*(New York: Harper & Row, 1969).

Étienne Gilson, *History of Christian Philosophy in the Middle Age*(New York: Random House, 1955), 특히 제1부와 제2부. (『중세 기독교 철학사』 크리스천다이제스트)

Greg L. Bahnsen, "Socrates or Christ: The Reformation of Christian Apologetics", *Foundations of Christian Scholarship*, Gary North 편집 (Portland, OR: Ross House, 1976), 191–239.

Irving M. Copi, *Introduction to Logic*. 여러 판이 있으나 가능하면 오래된 판이 좋다. 논리의 기본 개념에 대한 훌륭한 입문서다. (『논리학 입문』 이론과실천)

James D. Martin, *The Reliability of the Gospels*(London: Hodder & Stoughton, 1959). 제목 그대로 복음서의 신빙성을 훌륭하게 고찰한 책이다.

Jean-François Revel, *The Flight from Truth*(New York: Random House, 1991). 기만이 어떻게 20세기 실존의 지배 구조가 되었는지를 연구한 책이다.

J. K. S. Reid, *Christian Apologetics*(Grand Rapids, MI: Eerdmans, 1970).

John Montgomery, *Faith Founded on Fact: Essays in Evidential Apologetics*(Nashville: Thomas Nelson, 1978).

John Ortberg, *The Life You've Always Wanted: Spiritual Disciplines for Ordinary People*(Grand Rapids, MI: Zondervan, 2002). 영적 훈련을 처음 시작하는 사람들에게 좋은 입문서다. (『평범 이상의 삶』 국제제자훈련원)

John Polkinghorne, *The Polkinghorne Reader: Science, Faith, and the Search for Meaning*, Thomas Jay Oord 편집(West Conshohocken, PA:

Templeton, 2010). 최고의 "과학자이자 신학자"인 폴킹혼의 글을 모은 귀한 책이다. 악, 과학의 본질, 물질세계, 인간 본성, 창조, 시간 등의 주제를 다루었다.

John R. W. Stott, *Your Mind Matters*(Downers Grove, IL: InterVarsity, 1972). 신앙과 사고가 서로 짝을 이룸을 보여주는 소책자다. (『생각하는 그리스도인』 IVP)

Joseph Butler, *The Analogy of Religion Natural and Revealed to the Constitution and Course of Nature*(London: Horsfield, 1765). 조셉 버틀러는 성공회 주교이자 기독교 교회의 위대한 변증자였다. 그의 책에서 보듯이 우리가 만일 다른 모든 것에 적용하는 추론의 기준들을 종교 분야에 적용하기만 하면 기독교 신앙의 진리들은 그 시험을 통과할 것이고 우리는 하나님을 아는 지식에 이를 것이다. 이런 논리를 크게 비판한 사람은 *Dialogues Concerning Natural Religion*(1779)을 쓴 데이비드 흄이다(『자연종교에 관한 대화』 나남). 논증의 양쪽 입장을 이해하는 데 정말 관심이 있다면 두 책을 모두 보는 것도 좋다.

J. P. Moreland. 루이스의 경우처럼 모어랜드의 저작도 모두 읽으면 좋으나 특히 다음 세 책을 권한다. *Love Your God with All Your Mind: The Role of Reason in the Life of the Soul*(Colorado Springs: NavPress, 2012). (『그리스도를 향하는 지성』 죠이선교회출판부). Kai Nelson과 공저, *Does God Exist?: The Debate Between Theists and Atheists*(Amherst, NY: Prometheus, 1993). *Scaling the Secular City*(Grand Rapids, MI: Baker,1987).

L. Russ Bush 편집, *Classical Readings in Christian Apologetics: A.D. 100-1800*(Grand Rapids, MI: Academie, 1983).

Max Picard, *The Flight from God*(Washington, DC: Regnery, 1951). 수십 년 전에 이 소책자에 예리하게 묘사된 내용이 오늘날 서구 생활의 지배적 형태가 되었다. 40년 전만 해도 대부분의 사회 정황에서 하나님과 그분의 명령이 자동으로 전제될 수 있었으나 지금은 세속성이 전제된다.

Norman L. Geisler, *Christian Apologetics*(Grand Rapids, MI: Baker, 1976). (『기독교 변증학』 성광문화사)

Patrick Sherry, *Spirit, Saints, and Immortality*(Albany: State Univ. of New York Press, 1984). 저자가 성인(聖人)이라는 단어를 자주 쓰지는 않지만 이 책의 중요한 요지는 변증의 기본 전제로 성인들이 존재한다는 점이다. 하나님의 영, 성인다움, 하나님을 닮음, 불멸성(죽음 이후의 삶) 등 주로 이 네 가지가 하부 요소를 이룬다.

R. C. Sproul, John Gerstner & Arthur Lindsley, *Classical Apologetics: A Rational Defense of the Christian Faith and a Critique of Presuppositional Apologetics*(Grand Rapids, MI: Academie, 1984). 5장의 내 설명을 참조하라.

Richard Foster, *Celebration of Discipline: The Path to Spiritual Growth*(San Francisco: HarperSanFrancisco, 1978). (『영적 훈련과 성장』 생명의말씀사)

Timothy Keller, *The Reason for God: Belief in an Age of Skepticism*(New York: Penguin, 2008). 아주 중요한 여러 가지 주제를 훌륭하게 고찰한 현대의 작품이다. 특히 서문, 1장, 2장, 9장을 읽어 볼 것을 권한다. (『살아 있는 신』 베가북스)

William Lane Craig, *Reasonable Faith: Christian Truth and Apologetics*, 제3판(Wheaton, IL: Crossway, 2008). (『오늘의 기독교 변증학』 그리스도대학교출판국)

참고 웹사이트

www.dwillard.org 이 책과 함께 읽으면 좋은 변증 용어 해설을 비롯하여 윌라드 박사의 많은 기사와 기타 자료를 무료로 접할 수 있다.

www.reasonablefaith.org 기독교 신앙의 진리에 관련된 중요한 주제들을 보는, 지성적이고 명쾌하며 타협하지 않으면서도 은혜로운 기독교적 관점들을 제시한다. 윌리엄 레인 크레이그(Wiliam Lane Craig)의 글이 실린다.

www.reasons.org 성경의 진리와 하나님 신앙이 어떻게 과학적 연구를 통해 일관되게 지지되는지를 논하는 귀한 자원이다. 최신 연구 결과가 늘 소개된다.

주제별 찾아보기

192